Editionen für den Literaturunterricht
Herausgeber: Dietrich Steinbach

W9-BGO-906

Irmgard Keun

›Das kunstseidene Mädchen‹

Roman

mit Materialien

Ausgewählt und eingeleitet
von Dietrich Steinbach

Ernst Klett Schulbuchverlag
Stuttgart Düsseldorf Berlin Leipzig

[ ] Vom Herausgeber eingesetzte Titel im Materialienteil ab
Seite 142.
* Vom Herausgeber eingesetzte Fußnoten.

Umschlag: Irmgard Keun. dpa Bildarchiv, Stuttgart.

Gedruckt auf Papier aus
chlorfrei gebleichtem Zellstoff,
säurefrei.

1. Auflage 1 8 7 6 5 4 | 1996 95 94 93 92

Alle Drucke dieser Auflage können im Unterricht nebeneinander benutzt
werden, sie sind untereinander unverändert. Die letzte Zahl bezeichnet das
Jahr dieses Druckes.
© by claassen Verlag GmbH, Düsseldorf. Lizenzausgabe mit freundlicher
Genehmigung der Verlage claassen, Düsseldorf, und Gustav Lübbe, Ber-
gisch Gladbach. Der Abdruck folgt der Ausgabe Irmgard Keun ›Das kunst-
seidene Mädchen‹. claassen Verlag, Düsseldorf 1979, Seite 5–219.
Materialien: © Ernst Klett Schulbuchverlag, Stuttgart 1981.
Alle Rechte vorbehalten.
Umschlag: Zembsch' Werkstatt, München.
Fotosatz: Karl Lihs, Ludwigsburg.
Druck: Ludwig Auer GmbH, Donauwörth.
ISBN 3-12-351140-5

Erster Teil:

Ende des Sommers und die mittlere Stadt

Das war gestern abend so um zwölf, da fühlte ich, daß etwas Großartiges in mir vorging. Ich lag im Bett – eigentlich hatte ich mir noch die Füße waschen wollen, aber ich war zu müde wegen dem Abend vorher, und ich hatte doch gleich zu Therese gesagt: »Es kommt nichts bei raus, sich auf der Straße ansprechen zu lassen, und man muß immerhin auf sich halten.«
Außerdem kannte ich das Programm im Kaiserhof schon. Und dann immer weiter getrunken – und ich hatte große Not, heil nach Hause zu kommen, weil es mir doch ohnehin immer schwerfällt, nein zu sagen. Ich hab gesagt: »Bis übermorgen.« Aber ich denke natürlich gar nicht dran. So knubbelige Finger und immer nur Wein bestellt, der oben auf der Karte steht, und Zigaretten zu fünf – wenn einer so schon anfängt, wie will er da aufhören?
Im Büro war mir dann so übel, und der Alte hat's auch nicht mehr dick und kann einen jeden Tag entlassen. Ich bin also gleich nach Hause gegangen gestern abend – und zu Bett ohne Füßewaschen. Hals auch nicht. Und dann lag ich so und schlief schon am ganzen Körper, nur meine Augen waren noch auf – der Mond schien mir ganz weiß auf den Kopf – ich dachte noch, das müßte sich gut machen auf meinem schwarzen Haar, und schade, daß Hubert mich nicht sehen kann, der doch schließlich und endlich der einzige ist, den ich wirklich geliebt habe. Da fühlte ich wie eine Vision Hubert um mich, und der Mond schien, und von nebenan drang ein Grammophon zu mir, und da ging etwas Großartiges in mir vor – wie auch früher manchmal – aber da doch nie so sehr. Ich hatte ein Gefühl, ein Gedicht zu machen, aber dann hätte es sich womöglich reimen müssen, und dazu war ich zu müde. Aber ich erkannte, daß etwas Besonderes in mir ist, was auch Hubert fand und Fräulein Vogelsang von der Mittelschule, der ich einen

3

Erlkönig hinlegte, daß alles starr war. Und ich bin ganz
verschieden von Therese und den anderen Mädchen auf
dem Büro und so, in denen nie Großartiges vorgeht. Und
dann spreche ich fast ohne Dialekt, was viel ausmacht und
5 mir eine Note gibt, besonders da mein Vater und meine
Mutter ein Dialekt sprechen, das mir geradezu beschä-
mend ist.
Und ich denke, daß es gut ist, wenn ich alles beschreibe,
weil ich ein ungewöhnlicher Mensch bin. Ich denke nicht
10 an Tagebuch – das ist lächerlich für ein Mädchen von
achtzehn und auch sonst auf der Höhe. Aber ich will
schreiben wie Film, denn so ist mein Leben und wird noch
mehr so sein. Und ich sehe aus wie Colleen Moore, wenn
sie Dauerwellen hätte und die Nase mehr schick ein
15 bißchen nach oben. Und wenn ich später lese, ist alles wie
Kino – ich sehe mich in Bildern. Und jetzt sitze ich in
meinem Zimmer im Nachthemd, das mir über meine
anerkannte Schulter gerutscht ist, und alles ist erstklassig
an mir – nur mein linkes Bein ist dicker als mein rechtes.
20 Aber kaum. Es ist sehr kalt, aber im Nachthemd ist
schöner – sonst würde ich den Mantel anziehn.
Und es wird mir eine Wohltat sein, mal für mich ohne
Kommas zu schreiben und richtiges Deutsch – nicht alles so
unnatürlich wie im Büro. Und für jedes Komma, was fehlt,
25 muß ich der Hopfenstange von Rechtsanwalt – Pickel hat
er auch und Haut wie meine alte gelbe Ledertasche ohne
Reißverschluß – ich schäme mich, sie noch in anständiger
Gesellschaft zu tragen – solche Haut hat er im Gesicht.
Und überhaupt halte ich von Rechtsanwälten nichts –
30 immer happig aufs Geld und reden wie 'n Entenpopo und
nichts dahinter. Ich laß mir nichts anmerken, denn mein
Vater ist sowieso arbeitslos, und meine Mutter ist am
Theater, was auch unsicher ist durch die Zeit. Aber ich war
bei der Hopfenstange von Rechtsanwalt. Also – ich lege
35 ihm die Briefe vor, und bei jedem Komma, was fehlt,
schmeiß ich ihm einen sinnlichen Blick. Und den Krach seh
ich kommen, denn ich hab keine Lust zu mehr. Aber vier
Wochen kann ich sicher noch hinziehn, ich sag einfach
immer, mein Vater wäre so streng, und ich müßte abends

gleich nach Haus. Aber wenn ein Mann wild wird, dann gibt es keine Entschuldigung – man kennt das. Und er wird wild mit der Zeit wegen meinen sinnlichen Blicken bei fehlenden Kommas. Dabei hat richtige Bildung mit Kommas gar nichts zu tun. Aber fällt mir nicht ein mit ihm und 5 so weiter. Denn ich sagte auch gestern zu Therese, die auch auf dem Büro und meine Freundin ist: »Etwas Liebe muß dabeisein, wo blieben sonst die Ideale?«

Und Therese sagte, sie wäre auch ideal, weil sie so mit Seele und Schmerz mit einem Verheirateten, der nichts hat 10 und an Scheidung nicht denkt und nach Goslar gezogen ist – und sie ist dann ganz vertrocknet und 38 geworden letzten Sonntag und sagt 30 – und 40 sieht man ihr an – und alles wegen dem Laumann. Und so ideal bin ich wieder nicht. Denn das sehe ich nicht ein. 15

Und habe mir ein schwarzes, dickes Heft gekauft und ausgeschnittne weiße Tauben draufgeklebt und möchte einen Anfang schreiben: Ich heiße somit Doris und bin getauft und christlich und geboren. Wir leben im Jahre 1931. Morgen schreibe ich mehr. 20

Ich hatte einen angenehmen Tag, weil der Letzte ist und Geldkriegen einem mit am meisten guttut, trotzdem ich von 120 – und Therese kriegt 20 mehr – 70 abgeben muß, was mein Vater doch nur versäuft, weil er jetzt arbeitslos ist und nichts andres zu tun hat. Aber von meinen 50 Mark 25 hatte ich mir gleich einen Hut mit Feder gekauft – dunkelgrün – das ist jetzt Modefarbe, und steht mir herrlich zu meinem erstklassigen rosa Teint. Und ist schief auf einer Seite zu tragen – kolossal fesch – und ich hatte mir bereits einen dunkelgrünen Mantel machen lassen – streng 30 auf Taille und mit Fuchsbesatz – ein Geschenk von Käsemann, der mich durchaus beinahe heiraten wollte. Aber ich nicht. Weil ich doch auf die Dauer zu schade bin für kleine Dicke, die noch dazu Käsemann heißen. Und nach dem Fuchs hab ich Schluß gemacht. Aber ich bin jetzt 35 komplett in Garderobe – eine große Hauptsache für ein Mädchen, das weiter will und Ehrgeiz hat.

Und nu sitz ich hier in einem Kaffee – Tasse Kaffee kann

ich mir heute auf eigne Faust leisten. Die Musik spielt, was
ich gern höre: Zigeunerbaron oder Aida – kommt ja nicht
so drauf an. Neben mir ein Mann mit einem Mädchen. Er
ist was Feineres – aber nicht sehr – und sie hat ein Gesicht
5 wie eine Schildkröte und ist nicht mehr ganz jung und hat
einen Busen wie ein Schwimmgürtel. Ich höre immer auf
das Gespräch – so was interessiert mich immer, man kann
nie wissen, ob man nicht lernt dabei. Natürlich hatte ich
den richtigen Blick: eben kennengelernt. Und er bestellt
10 Zigaretten zu acht, wo er sonst bestimmt nur zu vier
raucht. Das Schwein. Wenn einer welche zu acht bestellt,
weiß man ja Bescheid, was für Absichten er hat. Und wenn
einer wirklich solide ist, raucht er zu sechs mit einer Dame,
denn das ist anständig und nicht übertrieben, und der
15 Umschwung später ist nicht so kraß. Mir hat ein Alter mal
welche zu zehn bestellt – was soll ich sagen, der war Sadist,
und was er genau gewollt hat, ist mir peinlich niederzu-
schreiben. Dabei kann ich keinen kleinsten Schmerz vertragen, und schon bei zu engen Strumpfbändern leide ich
20 tiefste Qual. Seitdem bin ich mißtrauisch.
Jetzt muß ich mich aber baß wundern: die Schildkröte ißt
Camembert. Nun frage ich mich – ist sie so unschuldig,
oder will sie nicht? Ich bin ein Mensch, der über alles
nachdenken muß. Also denke ich: wenn sie nicht will, dann
25 macht sie sich durch Camembertessen sicher vor sich
selbst, indem sie sich Hemmungen macht. Und ich entsinne
mich, wie ich mit Arthur Grönland das erstemal ausgehen
sollte. Er war bildschön und hatte Kommant. Aber ich
sagte mir: Doris, sei stark – gerade so einem mit Kommant
30 imponiert letzten Endes was Solides, und ich brauchte eine
Armbanduhr, und besser ist, es wenigstens drei Abende zu
nichts kommen zu lassen. Aber ich kenne mich doch und
wußte, Arthur Grönland bestellt Kupferberg naß – und
dabei noch Musik! Ich also an Büstenhalter und Hemd
35 insgesamt sieben rostige Sicherheitsnadeln gesteckt. Ich
war mächtig blau – wie achtzig nackte Wilde –, aber die
rostigen Sicherheitsnadeln vergaß ich nicht. Und Arthur
Grönland drängte. Ich nur: »Mein Herr, was denken Sie
sich eigentlich von mir? Ich muß doch sehr bitten. Wofür

halten Sie mich in etwa?« Und ich habe ihm mächtig imponiert. Erst war er natürlich wütend, aber dann sagte er mir als edel empfindender Mensch: das gefällt ihm – ein Mädchen, das sich auch im Schwips so fest in der Hand hat. Und er achtete meine hohe Moral. 5

Ich sagte nur ganz schlicht: »Das ist meine Natur, Herr Grönland.«

Und vor der Haustür küßte er mir die Hand. Ich sagte nur: »Jetzt weiß ich schon wieder nicht, wie spät es ist – meine Uhr ist schon so lange kaputt.« Und dachte, wenn er mir 10 jetzt Geld geben will zum Reparieren, dann habe ich mich wieder einmal schmerzlich getäuscht.

Aber am nächsten Abend in Rix Diele kam er mit einer kleinen Goldenen. Ich staunte furchtbar: »Wie konnten Sie denn nur wissen, daß ich gerade eine Uhr brauche??? – 15 aber Sie beleidigen mich zutiefst – ich kann sie doch nicht annehmen!«

Und er wurde ganz blaß, entschuldigte sich und tat die Uhr fort. Ich zitterte schon und dachte: jetzt bist du zu weit gegangen, Doris! Dann sagte ich so mit schwimmender 20 Stimme, so 'n bißchen tränenfeucht: »Herr Grönland, ich kann es nicht übers Herz bringen, Sie zu kränken – binden Sie sie mir bitte um.«

Daraufhin dankte er mir, und ich sagte: »Oh, bitte.«
Und dann bedrängte er mich wieder, aber ich blieb stark. 25
Und vor der Haustür sagte er: »Du reines, unschuldiges Geschöpf, verzeihe mir, wenn ich aufdringlich war.«

Ich sagte: »Ich verzeihe Ihnen, Herr Grönland.«
Aber heimlich hatte ich eine furchtbare Wut auf die 30 Sicherheitsnadeln, denn er hatte süße schwarze Augen und einen tollen Kommant, und die kleine goldene Uhr tickte mir wunderbar am Arm. Aber letzten Endes habe ich viel zuviel Moral, um einen Mann erleben zu lassen, daß ich Wäsche mit sieben rostigen Sicherheitsnadeln trage. Später 35 habe ich sie fortgelassen.

Jetzt denke ich eben, ich könnte eventuell auch Camembert essen, wenn ich es für richtig halte, mir Hemmungen zu verschaffen.

Und der Kerl drückt der Schildkröte unterm Tisch die Hand, und mich guckt er an mit Stielaugen – so sind die Männer. Und sie haben gar keine Ahnung, wie man sie mehr durchschaut als sie sich selber. Natürlich könnte ich nun – eben erzählt er von seinem wunderbaren Motorboot auf dem Rhein mit soundso viel PS – ich schätze ihn höchstens auf besseres Faltboot. Aber ich merke genau, wie er laut redet, damit ich's höre – Kunststück! – ich mit meinem schicken, neuen Hut und dem Mantel mit Fuchs – und daß ich jetzt anfange, in mein Taubenbuch zu schreiben, macht ohne allen Zweifel einen sehr interessanten Eindruck. Aber eben hat mir das Alligator einen freundlichen Blick zugeworfen, und so was macht mich immer weich, ich denke: du arme Schildkröte findest doch selten was, und wenn du auch heute Camembert ißt – vielleicht ißt du morgen keinen. Und ich bin viel zu anständig und auf Frauenbewegung eingestellt, um dir deinen zweifelhaften Faltbootinhaber mit Glatze abspenstig zu machen. Da es eine Kleinigkeit wäre, reizt es mich ohnehin nicht, und außerdem paßt Wassersportler und Mädchen mit Schwimmgürtelbusen so schön zusammen. Und vom Tisch drüben guckt immer einer mit fabelhaft markantem Gesicht und tollem Brillanten am kleinen Finger. Ein Gesicht wie Conrad Veidt, wie er noch mehr auf der Höhe war. Meistens steckt hinter solchen Gesichtern nicht viel, aber es interessiert mich.

Also ich fliege und bin so aufgeregt. Bin gerade nach Hause gekommen. Neben mir steht eine Pralinéschachtel – ich esse daraus, aber die mit Cremefüllung beiße ich nur an, um zu sehen, ob eventuell Nuß drin ist, sonst mag ich sie nicht – und quetsche sie dann wieder zusammen, daß sie wie neu aussehn – und morgen schenke ich sie meiner Mutter und Therese. Die Schachtel ist von dem Conrad Veidt – Armin heißt er – eigentlich hasse ich diesen Namen, weil er in der Illustrierten mal als Reklame für ein Abführmittel gebraucht wurde.
Und immer, wenn er mal vom Tisch aufstand, mußte ich denken: Armin, hast du heute morgen auch Laxin genom-

men? und mußte idiotisch lachen, und er fragte: »Warum lachst du so silbern, du süßes Geschöpf?«

Und ich: »Ich lache, weil ich so glücklich bin.«

Gott sei Dank sind ja Männer viel zu eingebildet, um auf die Dauer zu glauben, man könnte sie auslachen. Und adlig wär' er! Na, so dumm bin ich nun nicht – zu glauben, daß es lebendig herumlaufende Adlige gibt. Aber ich dachte: mach ihm die Freude, und sagte, ich hätt ihm das doch gleich angesehn. Aber er hatte einen künstlerischen Einschlag, und wir hatten einen sehr anregenden Abend, wir haben ausgezeichnet getanzt und uns wirklich intelligent unterhalten. Man findet das selten. Erst sagte er allerdings, er wollte mich zum Film bringen – na, ich ging nachsichtig darüber weg. Sie können nun mal nichts dafür, die Männer. Es ist eine Krankheit von jedem, daß sie jedem Mädchen erzählen, sie wären Generaldirektor vom Film oder hätten wenigstens unerhörte Beziehungen. Ich frage mich nur, ob es noch Mädchen gibt, die darauf reinfallen?

Aber das ist alles nicht die Hauptsache – sondern daß ich Hubert gesehen habe, wie er gerade zur Tür rausging. Und ein ganzes Jahr war er fort – ach, ich bin furchtbar müde jetzt. Und Hubert war eigentlich sehr gemein, aber trotzdem wurde ich gleich reserviert mit dem Laxinmann, der ohnehin nur auf der Durchreise war. Sicher hat Hubert mich nicht gesehen, aber mir war es wie ein Stich – so der Rücken mit schwarzem Mantel und der Kopf ein bißchen schief auf der Seite und der blonde Hals – und mußte nur denken an den Ausflug in den Kuckuckswald, wo er lag – die Augen zu. Und die Sonne machte, daß der Boden summte und die Luft so zittrig – und ich setzte ihm Ameisen ins Gesicht, wie er schlief, weil ich nie müde bin mit einem Mann, in den ich verliebt bin – und setzte ihm Ameisen in die Ohren – und Huberts Gesicht war ein Gebirge mit Tälern und allem, und er schrumpfte die Nase so ulkig ein und hatte den Mund etwas halb offen – wie eine Wolke flog sein Atem raus – ich hielt einen Grashalm hin, der bewegte sich. Und er sah richtig ein bißchen blöde aus, aber für sein dummes Schlafgesicht liebte ich ihn mehr als für seine Küsse – und die waren schon sehr großartig. Und dann sagte er mir Eichhörnchen, weil ich so eine Art habe, die oberen Zähne vorzuschieben und die Lippe hoch – und tat das immer, weil er das zum Lachen fand und sich freute.

5 Und er glaubte, ich wüßte gar nicht, wenn ich's tu – und bei dem Glauben läßt man ja dann auch einen Mann.

Und bin jetzt so müde in den Knochen, daß ich am liebsten das Kleid nicht ausziehen würde – mit Gustav Mooskopf war ich mal so müde, daß ich bei ihm geschlafen habe – nur

10 weil's so weit war bis nach Haus und er mir die Schuhe ausziehen könnte und so – und da denken die Männer immer, es wäre Liebe oder Sinnlichkeit oder beides – oder weil sie so wunderbar sind und ein kolossales Fluidum haben, vor dem man schwach wird und wild in einem – und

15 dabei gibt es Millionen Gründe für ein Mädchen, bei einem Mann zu schlafen. Und ist alles nicht so wichtig. Und schreibe schnell noch Worte über mein Erlebnis – eigentlich nur, weil ich zu faul bin, vom Stuhl mich zu erheben – Gott sei Dank hab ich Pumps an – die liegen jetzt schon

20 unterm Tisch – ich müßte sie auf Leisten tun, weil Wildleder …

Ich schreibe auf dem Büro, denn das Pickelgesicht ist aufs Gericht. Die Mädchen wundern sich und fragen, was ich schreibe. Ich sage: Briefe – da denken sie, das hat mit

25 Liebe zu tun, und das respektieren sie. Und Therese ißt meine Pralinés und ist froh, daß ich wieder ein Erlebnis hatte. Sie ist so ein gutes altes Haus, und weil sie kein Schicksal mehr hat wegen ihrem Verheirateten, lebt sie sich fest an meinem Schicksal. Es macht mir furchtbar

30 Spaß, ihr zu erzählen, weil sie eine unerhörte Art hat, sich zu verwundern – und eigentlich ist doch immer alles dasselbe – aber wenn ich ihr nicht erzählen könnte, hätte ich nicht so große Lust, fabelhafte Erlebnisse zu haben.

Ich habe mir überlegt, wo Hubert hier wohnt – ob bei

35 seinen Verwandten, und daß es besser ist, ich sehe ihn gar nicht wieder. Denn mit sechzehn fing ich das Verhältnis an, und er war der erste und sehr schüchtern – trotzdem schon fast Ende Zwanzig. Und erst wollte er nicht, aber nicht aus Edelmut und so, sondern einfach aus Feigheit, weil er

dachte, das gibt Verpflichtungen, so ein ganz und gar unschuldiges Mädchen. Und das war ich. Aber natürlich glaubte er nicht, daß er einfach ein feiges Schwein war, sondern hielt sich für enorm edel und hätte alles mögliche getan außer dem einen. Ich fand nur, ein Mädchen verrückt machen ist dasselbe, wie was andres tun, und dann dachte ich, einmal muß es ja doch sein, und legte doch großen Wert auf richtige Erfahrung und war auch verliebt in ihn so mit Kopf und Mund und weiter abwärts. Und hab ihn dann richtig rumgekriegt. Aber er dachte, er hätte mich verführt, und riskierte riesiges Gerede von Gewissensbissen, aber im Grunde wollte er die haben und kam sich als kolossaler Kerl vor – und bei dem Glauben läßt man ja dann auch einen Mann. Und ein ganzes Jahr war ich mit ihm zusammen und nie mit einem andern, denn dazu hatte ich keine Lust, weil ich doch nur an Hubert denken mußte. Und also war ich genau das, was man treu nennt. Aber dann hatte er seinen Doktor und war fertig studiert – Physik und so was. Und ging nach München, wo seine Eltern wohnten, da wollte er heiraten – eine aus seinen Kreisen und Tochter von einem Professor – sehr berühmt, aber nicht so wie Einstein, von dem man ja Photographien sieht in furchtbar viel Zeitungen und sich nicht viel darunter vorstellen kann. Und ich denke immer, wenn ich sein Bild sehe mit den vergnügten Augen und den Staubwedelhaaren, wenn ich ihn im Kaffee sehen würde und hätte gerade den Mantel mit Fuchs an und todschick von vorn bis hinten, dann würde er mir auch vielleicht erzählen, er wäre beim Film und hätte unerhörte Beziehungen. Und ich würde ihm ganz kühl hinwerfen: H_2O ist Wasser – das habe ich gelernt von Hubert, und würde ihn damit in größtes Erstaunen versetzen. Aber ich war bei Hubert. Also ich hatte nichts dagegen, daß er eine nehmen wollte mit Pinke und so – aus Ehrgeiz und wegen Weiterkommen, wofür ich immer Verständnis habe. Trotzdem mir damals olle vergammelte Ölsardinen mit Hubert auf seiner Bruchbude besser geschmeckt haben als todschickes Schnitzel toll garniert mit Käsemann in ausgesprochen feudalen Restaurants. Von mir aus hätte es auch bei Ölsardinen

bleiben können. Aber ich habe mich, wie gesagt, auf Huberts Ehrgeiz hin umgestellt. Da kamen denn seine großen Gemeinheiten. Erstens, daß er drei Tage vor meinem Geburtstag abhauen wollte – und es ging mir dabei
5 nicht um ein Geschenk, denn dazu hatte er ja sowieso nichts und hatte mir als äußerstes nur mal einen kleinen Laubfrosch geschenkt aus Zelluloid und aus Spaß, um im Bach schwimmen zu lassen. Und ich habe ihn lange an einem grünen Samtband um den Hals getragen unter der
10 Bluse und aus Pietismus, trotzdem die Pfoten sich schmerzhaft in meinen Hals drückten, wo ich ohnehin so zarte Haut habe. Was ja andrerseits auch wieder ein Vorteil ist – bei Männern. Aber bei Sonnenbrand nicht. Und haute ab drei Tage vor meinem Geburtstag, ich mußte das als Roheit
15 empfinden, denn ich hatte gespart für ein Tupfenkleid und wollte es diesen Tag zuerst anziehn – natürlich doch wegen Hubert. Und saß dann allein mit meinem Tupfenen und Therese in einem Lokal mit Musik. Und heulte Tränen in den Kaffee und mußte mir mit echt waschledernen
20 Handschuhen immerzu die Nase wischen, weil ich gerade kein Taschentuch da hatte und Therese ihrs voll Stockschnupfen war. Und heulte Tränen auf das neue Kleid – und hätte nur noch gefehlt, daß die Tupfen nicht waschecht waren und ausgingen und zu allem andern mein lachsfarbe-
25 nes Kombination mit verfärbte. Aber das wenigstens passierte nicht. Das war die eine Gemeinheit, und die andere bestand darin, daß er mir alles auf moralische Weise eröffnete. Wir saßen in einem Lokal, fängt er mir auf einmal von seiner Münchner Spinatwachtel an. Ich
30 nicke nur und arbeite innerlich an meiner Umstellung und denke: schließlich hat er seine Gründe, aber lieben tut er nur dich.
Legt er auf einmal los – ganz rot und verlegen, weil ihn irgendwo sein Gewissen zwackte, und das machte ihn
35 feindlich gegen mich: »Wenn ein Mann heiratet, will er eine unberührte Frau, und ich hoffe, meine kleine Doris . . .«, und sprach so gesalbt, als wenn er eine ganze Dose Niveacreme aufgeleckt hätte. »Mein gutes Kind, ich hoffe, daß ein anständiges Mädchen aus dir wird, und als Mann rate

ich dir, dich keinem Mann hinzugeben, bevor du verheiratet bist mit ihm ...«

Was er noch sagen wollte, weiß ich nicht, denn es kam über mich, als er sich so aufspielte mit öliger Stimme und großer Moral und erschauerte vor sich selbst und hatte eine 5 gequollene Haltung mit Brust raus und Schultern nach hinten gekugelt wie ein oberster General auf der Kanzel. Und das mir! – von einem, den ich nahezu dreihundertmal in Unterhosen gesehen habe und noch weniger an – mit einer Sommersprosse auf dem Bauch und Haare an den X- 10 Beinen! Und hätte mir sagen können als guter Freund, daß er eine will mit Geld und darum mich nicht. Aber triefen vor Rührung über seine Fabelhaftigkeit, weil er mich nicht zu arm, sondern nicht anständig genug findet, weil ich mit ihm ... also bei so was kann ich nicht mit, da setzt mein 15 Verstand aus, und es überkommt mich. Ich kann das nicht so erklären, was mir so Wut machte, jedenfalls langte ich ihm eine ganz offiziell, was ich meistens nur selten tue, und das knallte so, daß der Ober dachte, ich hätte ihm ein Zeichen zum Zahlen geben wollen. 20

Jetzt sitze ich hier in einem Lokal und habe furchtbar viel Leberwurst gegessen, trotzdem jeder Bissen mir im Hals würgte, aber ist dann doch runtergegangen, und hoffentlich schadet es mir nicht auf die entsetzliche Aufregung. Denn ich bin aus meiner Stellung entlassen und zittre in den 25 Gliedern. Und nach Hause gehn habe ich geradezu Angst, ich kenne meinen Vater als ausgesprochen unangenehmen Mensch ohne Humor, wenn er zu Hause ist. Man kennt das – daß Männer, die am Stammtisch und in der Wirtschaft italienische Sonne markieren und immer die Schnauze 30 vorneweg und alles unterhalten – daß die zu Haus in der Familie so sauer sind, daß man sie am Morgen nach einer versoffenen Nacht nur ansehen braucht und spart einen Rollmops.

Und alles kam so: ich hatte zu wenig Briefe geschrieben 35 wegen an Hubert denken und mußte auf einmal mit Dampf loslegen, um noch was fertig zu kriegen – natürlich weit und breit kein Komma in den Briefen, was aber ein System

13

von mir ist: denn lieber gar keine Kommas als falsche, weil
welche reinstricheln unauffälliger geht als falsche fortma-
chen. Und hatte auch sonst Fehler in den Briefen und
dunkle Ahnungen daraufhin. Und guck schon gleich beim
5 Reinbringen wie Marlene Dietrich so mit Klappaugen-
Marke: husch ins Bett. Und das Pickelgesicht sagt, alle
könnten gehn, nur ich sollt noch bleiben und Briefe neu
schreiben, was mich anekelt und wozu ich nie Lust habe,
denn es waren Akten mit furchtbarem Quatsch von Blase-
10 witz, dem ein Zahnarzt eine Goldkrone rausgemurkst hatte
und richtig gestohlen und dann auf der Rechnung noch mal
angerechnet – kein Schwein wird draus klug, und wochen-
lang schreib ich schon von Blasewitz seine Backzähne, was
einem eines Tages auf die Nerven geht. Und geh zum
15 Pickelgesicht ins Büro – alle sind fort – nur er und ich sind
noch da. Und er sieht meine Briefe durch und macht
Kommas mit Tinte – ich denke: was bleibt dir übrig! und
lehne mich aus Versehen leicht an ihn. Und malt immer
mehr Kommas und streicht und verbessert, und will auf
20 einmal bei einem Brief sagen: der muß noch mal geschrieben werden. Aber bei »noch mal« gebe ich mit meinem
Busen einen Druck gegen seine Schulter, und wie er
aufguckt, zittre ich noch für alle Fälle wild mit den
Nasenflügeln, weil ich doch fort wollte und nichts mehr von
25 Blasewitz seine Backzähne schreiben und von der Frau
Grumpel ihre Raten für das stinkige Milchlädchen auch
nicht. Und mußte das Pickelgesicht darum ablenken und
machte ein Nasenflügelbeben wie ein belgisches Riesen-
kaninchen beim Kohlfressen. Und will gerade sinnlich
30 hauchen, daß ich so müde bin und mein armer alter Vater
mit Rheumatismus wartet, daß ich ihm »Das Glück auf der
Schwelle« vorlese – will ich gerade sagen, da passiert es,
und ich merke zu spät, daß ich mit meinen Nasenflügeln zu
weit gegangen bin. Springt doch der Kerl auf und umklam-
35 mert mich und atmet wie eine Lokomotive kurz vor der
Abfahrt. Ich sage nur: aber – und versuche, seine widerlichen langen Knochenfinger von mir loszumachen, und war
wirklich verwirrt, denn ich hatte mit dem allen doch erst
vier Wochen später gerechnet und sehe wieder, daß man

nie auslernt. Und er sagt: »Kind, verstell dich doch nicht,
ich weiß doch seit lange, wie es mit dir steht und wie dein
Blut nach mir drängt.«
Also ich kann nur sagen, ich wunderte mich von neuem,
wie ein Mann, der doch studiert hat und schlau wird aus 5
Blasewitz seine Backzähne, derartig dumm sein kann. Und
Hubert war schuld und mein leerer Magen und alles so
plötzlich und die Pickel und daß er einen Mund machte wie
ein Kletterfisch – war alles schuld, daß ich die Situation
verlor. Und flüsterte so albernes Zeug – so das übliche – 10
und will zu dem kalten Ledersofa mit mir – und noch nicht
mal zu Abend gegessen und womöglich hinterher doch
noch die Briefe neu schreiben – zutrauen kann man so
einem Rechtsanwalt alles – also das war mir zu dumm. Ich
sag nur ganz ruhig: »Wie können Sie mein Kleid so 15
zerknautschen, wo ich ohnehin nichts anzuziehen habe!«
Und das war ein Wink und eine Prüfung, und von seiner
Antwort hing es ab, ob ich ihn sanft und anständig
abweisen würde oder gemein werden. Natürlich kam, was
ich erwartet hatte: »Kind, wie kannst du jetzt an so was 20
denken, und nackt ohne Kleider bist du mir am liebsten.«
Da blieb mir glatt der Verstand stehen. Ich trete ihn gegens
Schienbein von wegen Loslassen und frage: »Nun sagen Sie
mal, Sie blödsinniger Rechtsanwalt, was denken Sie sich 25
eigentlich? Wie kann ein Studierter wie Sie so schafsdäm-
lich sein und glauben, ein junges hübsches Mädchen wäre
wild auf ihn. Haben Sie noch nie in den Spiegel gesehn? Ich
frage Sie nur, was für Reize haben Sie?«
Es wäre mir interessant gewesen, eine logische Antwort zu 30
kriegen, denn ein Mann muß doch schließlich was denken.
Sagt er nur statt dessen: »Also so eine bist du!«
Und zieht das »so« wie ein Gummiarabikum. Ich nur: »So
oder nicht so – es ist mir ein Naturereignis, zu sehen, wie
Sie blau anlaufen vor Wut, und ich hätte nie gedacht, daß 35
Sie noch mieser werden könnten, als Sie ohnehin schon
sind – und haben eine Frau, was sich die Haare gelb färbt
wie ein hartgekochtes Eidotter und für viel Geld Kosmetik
macht und in einem Auto rumsaust und nichts tut den

ganzen Tag an solider Arbeit – und ich soll mit Ihnen für
nichts und wieder nichts – nur aus Liebe –« Und hau ihm
den Brief mit Blasewitz Backzähnen in seine Pickel, denn
wo nun schon alles verdorben war, wollte ich auch meinem
5 Temperament mal ganz freie Bahn lassen. Natürlich kün-
digte er mir zum nächsten Ersten. Ich sag nur: »Ich hab's
auch satt bei Ihnen, und geben Sie mir noch ein Monatsge-
halt, dann komme ich morgen schon nicht mehr wieder.«
Und ging keß mit Drohungen vor – daß die Männer bei
10 Gericht nur seine miese Visage sehen brauchen und mir
sofort glauben, daß ich nie sinnliche Blicke geworfen habe,
und mir vollkommen recht geben würden – und ob es ihm
lieb wäre, wenn ich morgen den Mädchen hier alles
erzähle, wo er noch dazu so unanständige Worte gebraucht
15 hat wie nackt und mein Blut drängte – und wenn mich was
furchtbar aufgeregt hat, muß ich es leider erzählen. Und
jetzt sitze ich hier mit 120 und überlege mir eine neue
Existenz und warte auf Therese, der ich telefoniert habe,
damit sie mich tröstet und beruhigt, denn schließlich habe
20 ich eine Sensation durchgemacht.

Ich habe meiner Mutter alles erzählt, aber nur gesagt von
60 Mark und davon 20 für mich behalten und also im
ganzen 80, denn man muß Geld schätzen, und wer arbeitet,
lernt das. Und ich muß meine Mutter anerkennen als feines
25 Weib, sie hat immer noch so was Gewisses von früher her,
wenn sie auch heute Garderobiere im Schauspielhaus ist.
Und sie ist wohl ein bißchen dick, aber nicht schlimm, und
hat die Hüte so altmodisch oben auf dem Kopf – so wie 's
Tüpfchen auf dem i – aber momentan wird das ja wieder
30 modern. Jedenfalls hat sie eine Haltung in den Schultern
wie eine wirklich teure Dame, und das kommt, weil sie
früher ein Leben gehabt hat. Leider hat sie meinen Vater
geheiratet, was ich für einen Fehler halte, denn er ist ein
vollkommen ungebildeter Mensch und faul wie eine jahre-
35 lange Leiche und brüllt nur manchmal von wegen männliches Organ zeigen – man kennt das. Nur außer dem Haus
gibt er sich ein Benehmen mit elegantem Armgeschwenke
und Augenbrauengeziehe und Schweißwischen – besonders

16

bei jeder Frau, die über zwei Zentner wiegt und nicht mit ihm verheiratet ist.

Also, ich halte nichts von dem Mann und hab nur mächtig Angst, weil meine Nerven es nicht vertragen, wenn er donnert – und wenn er mir von Moral spricht, kann ich nichts Richtiges gegen ihn unternehmen, weil er mein Vater ist. Und fragte nur mal meine Mutter, warum sie als Klassefrau diesen Popel genommen hat, und sagte sie nur, statt mir eine zu langen: irgendwo muß man doch einmal hingehören. Und sagte das ganz ruhig – trotzdem hätte ich beinah geweint, und ich weiß nicht warum, aber ich habe das verstanden, und seitdem habe ich nie mehr zu ihr über das olle Rauhbein geschimpft.

Ich möchte doch gern Hubert mal wiedersehn. Und ich fühle, wie sich große Dinge für mich vorbereiten. Aber jetzt sitze ich noch mit 80 Mark und ohne neue Existenz und frage mich nur, wo ist nun ein Mann für meine Notlage? Die Zeiten sind furchtbar, keiner hat Geld, und es herrscht ein unsittliches Fluidum – denkt man bei einem, den kannst du anpumpen – pumpt er einen im Augenblick schon selber an.

Und Therese riet mir zu Jonny Klotz, den wir kennenlernten in der Palastdiele – und riet das, weil er ein Auto hat – nicht ganz große Klasse, aber immerhin. Ich sagte nur: du hast keinen Blick für Männer und heutige Zeit, Therese – was heißt Mann mit Auto, wo es doch nicht bezahlt ist? Wer heutzutage Geld hat, leistet sich Straßenbahn, und 25 Pfennig bar sind ein solideres Zeichen als Auto und Benzin auf Pump. Therese sah das ein, weil sie mich in diesen Dingen hoch anerkennt. Und ich überlege rauf und runter, wie ich wieder eine Grundlage bekomme, denn nur allein auf Männer angewiesen sein geht leicht schief. Wenn es nicht eine ganz große Nummer ist – aber so was ist schwer in diesem Drecknest zu finden. Jedenfalls kann mir Jonny Klotz heute abend den neuen Tango beibringen, damit ich in jeder Beziehung auf der Höhe bleibe. Ich bin ganz kribbelig – den ganzen Tag ohne was zu tun und habe Hunger auf Dunkelwerden – und habe in meinen Ohren immer die Melodie: ich hab dich lieb, braune Madonna – in

deinen Augen glüht der Sonnenschein ... Und der Geiger
in der Palastdiele singt wie sanftes Mehl – Gott mir wird so
– – und muß so eine Nacht mit Musik und Lichtern und
Tanzen und so ganz auffressen, bis ich nicht mehr kann –
5 als wenn ich am Morgen sterben müßte und bekäme nie
mehr was. Ich möchte ein Kleid haben aus blaßrosa
Tüll mit silbernen Spitzen und einer dunkelroten Rose an
der Schulter – ich werde versuchen, daß ich eine Stelle
kriege als Mannequin, ich bin ein Gelbstern – und silberne
10 Schuhe – ... ja so ein Tangomärchen ... was es doch für
wunderbare Musik gibt – wenn man betrunken ist, ist sie
wie eine Rutschbahn, auf der man heruntersaust.

Es hat sich Einschneidendes begeben, denn ich bin jetzt
Künstlerin. Es hat damit angefangen, daß meine Mutter
15 mit der Buschmann sprach, die Garderobenfrau bei den
Schauspielerinnen ist, und die sprach wieder mit der Frau
Baumann, die alte und komische Rollen spielt – so alte
meschuggene Damen, die noch wollen, die aber keiner
mehr will, und darüber, wie sie sich so anstellt, lachen dann
20 die Leute, aber eigentlich ist da gar nichts zu lachen. Und
die hat mit einem gesprochen, der die Stücke lenkt und
Regisseur heißt und Klinkfeld. Und Klinkfeld hat mit
einem gesprochen, der tiefer ist als er und unter ihm die
Stücke lenkt und Inspizient heißt und Bloch und hat einen
25 Bauch wie eine Schlummerrolle – ob was drauf gestickt ist,
weiß ich nicht – und tut immer wahnsinnig aufgeregt und
so, als wenn ihm das Theater gehörte und alles, und rennt
immer mit einem Buch und sagt schweinische Sachen, und
man weiß nicht, ob das in dem Buch steht oder aus ihm
30 selbst kommt. Und Bloch hat mit dem Logenschließer
gesprochen, der immer vor der Loge vom Direktor steht,
von wo aus man vom Parkett zur Bühne kann, was aber
verboten ist und der Logenmann aufpaßt mit kolossaler
Haltung, damit keiner die Kulissen stiehlt. Und der hat
35 wieder mit meiner Mutter gesprochen, und jetzt mache ich
Statisterie. Und ich muß in einem Stück, das Wallensteins
Lager heißt, über die Bühne laufen und mit einem Krug
und mit noch anderen Mädchen – ganz wilder Betrieb –

18

aber vorläufig ist das alles noch Probe, und die Aufführung
ist erst am 12. Bis dahin muß alles noch wilder geworden
sein. Und keiner spricht mit mir, weil sich alle für was
Besonderes halten.

Die Mädchen bestehen aus zwei Hälften – und die einen   5
sind vom Konservatorium und machen nur so für Geld mit
und kommen sich sehr kolossal vor – und die anderen sind
von der Schauspielschule, die kriegen kein Geld, sondern
zahlen nur – und kommen sich dafür noch kolossaler vor.
Genauso ist es mit den Jungens, die auch Statisterie   10
machen. Und haben alle ein Getue, wie ich es in meinem
ganzen Leben noch nicht gesehen habe, und behandeln
mich mit gemeiner Verachtung, was sich aber noch an
ihnen rächen wird. Und die fertigen Schauspieler verachten
wieder die von der Schule und lassen es sich anmerken.   15
Gegenseitig verachten sie sich auch, aber das lassen sie sich
dann nicht so anmerken – und überhaupt ist alles eine
allgemeine Verachterei, nur sich selbst findet jeder wunderbar. Und nur die Hausmeister sind wie normale Menschen und grüßen wieder, wenn man guten Tag sagt.   20
Unten ist ein kleines Zimmer, da sitzen die Schauspieler,
wenn sie gerade nicht auf der Bühne sein brauchen, und
alles ist furchtbar voll Rauch und Qualm und stinkig. Und
jeder spricht mit so getönter Stimme und hört sich zu, weil
kein anderer ihm zuhört. Nur bei Witzen hören sie zu, weil   25
das was ist, das sie dann gleich selber mit getönter Stimme
weitererzählen können. Und sie laufen auch viel auf und
ab, so mit machtvoll bewegten Oberschenkeln, und bleiben
stehn und starren auf ein Papier in Rahmen, das Probezet-
tel heißt. Und dann wippen sie mit den Fußsohlen und   30
summen interessant – und das alles, trotzdem niemand
ihnen zusieht. Nur manchmal, wenn außenstehende Leute
reinkommen und was fragen beim Portier, die gucken dann
aufgeregt und atmen etwas gelähmt. Und die niedrigeren
Schauspieler pumpen sich untereinander um Zigaretten an,   35
und manchmal geben sie sich auch gegenseitig welche.
Dann kommt jeden Morgen von der Straße der Direktor –
das ist ein sehr feierlicher Moment. An der Art, wie er mit
ganz schnellem Ruck die Tür aufreißt, merkt man, daß er

das Theater beherrscht. Und weil er was Großes ist und auf
sich hält, ist er fast immer schlecht gelaunt und hat einen
gekniffenen Mund. Und ist sonst wabbelig dick und hat
grüne Haut und heißt Leo Olmütz. Und steckt nur ganz
5 schnell seinen Kopf in das Portierfenster und sofort wieder
zurück – warum weiß ich nicht –, aber es macht sich gut.
Und geht dann so mit ganz harten Sohlen durch den Flur in
sein Büro. Die Mädchen von der Schule machen sich
auffällig, wenn sie ihm mit Absicht zufällig begegnen. Und
10 heute hat er zu zweien gesagt: Guten Tag, Kinder – na, so
vergnügt heute? Das war eine Sensation, und sie haben bis
mittags darüber gesprochen. Die dicke Blonde, die vor Fett
quietscht und im Gesicht immer so rot ist wie eine Tomate
und Linni heißt, behauptete, er hätte sie so mit einem Blick
15 angesehn. Und die andere, so mit schwarzem Pagenkopf
und ganz ordinärer Matratzenschnauze und Pilli heißt,
sagt: nein. Und noch andere kamen dazu, und alle zankten
sich nachher, ob er »na« oder nicht »na« gesagt hat. Und
sie bildeten alle eine Klicke und warfen verächtliche Blicke
20 auf mich, weil ich nicht hören sollte, was sie flüsterten –
und saß dicht neben ihnen auf dem Tisch in dem, was sich
Konversationszimmer nennt.
Und sage auf einmal ganz ruhig: »Ich kann Leo ja heute
abend mal fragen, ob er ›na‹ gesagt hat!«
25 Alle starren mich an. Ich merke gleich, daß ich auf dem
richtigen Weg bin, mir Achtung zu verschaffen.
Das dürre Gestell von Pilli fragt nur: »Kennen Sie ihn
denn?«
Ich: »Wen? Leo? Ja natürlich, er hat doch meine Ausbil-
30 dung persönlich in der Hand und will nur nicht, daß ich
darüber spreche und soll mich auch sonst von allem hier
fernhalten.«
Und schrumpfe hochmütig die Nase und werfe einen
träumerischen Blick durch das obere Fenster. Daraufhin
35 sind sie um mich wie die Ohrwürmer, und das fette Stück
Linni lädt mich gleich nach der Probe ein, Kaffee trinken.
Ich esse in Ruhe fünf Schnecken und denke, laß sie man
bezahlen, und gewinne durch sie Einblicke in den Betrieb.
Natürlich vermeide ich von Leo zu reden, weil ich doch

20

keine Ahnung habe von ihm, und lenke ab, wenn sie fragt, und gebe auch gar nichts zu. Nachher gehen wir über die Straße – ich fühle mit feinem Empfinden gleich wieder, daß sie zweifelt – und bleibe vor einem Seidengeschäft stehen, werfe eine Handbewegung hinein und sage so mit leichter Stimme: »Aus diesem entzückenden Stoff hat sich Leo neulich drei Pyjamas machen lassen.«

Darauf Linni voll Ehrfurcht: »Aus dem Crêpe de Chine mit Rosenmuster?«

Ich hatte nicht gesehn, daß ich auf Rosenmuster gezeigt hatte – nun konnte ich nur nicken und entsetzlichen Husten markieren, weil es mich erstickte vor Lachen, mir den Fettling mit dem gekniffenen Mund und den bedeutenden harten Schritten in Pyjamas aus weißem Crêpe de Chine mit Rosenmuster vorzustellen. Und dachte, ich müßte doch wohl erklären, und sagte, wie ich wieder konnte: »Ja, das hat er mir zuliebe getan, ich hatte ihn so gebeten, denn ich schwärme für diesen Stoff, und es macht sich stimmungsvoll bei Beleuchtung zu seinem schwarzen Haar.«

Dabei hat er nur noch ganz hinten am Kopf welches. Dann habe ich sie schwören lassen, daß sie von diesen ganzen Geheimnissen niemand etwas sagt. Und jetzt ist mir etwas angst, denn wie stehe ich da, wenn etwas rauskommt – und eigentlich habe ich das Theater schon satt.

Es ist etwas Hohes mit der Kunst, ich leide um sie und hatte auch schon einen Erfolg heute. Also ich hatte doch raus, daß die von der Schauspielschule mehr sind als die nur so mitmachen. Und da ich nun mal dabei bin, dachte ich: bei den Tiefsten bleibe ich nicht. Und je mehr einer zu sagen hat auf der Bühne, um so mehr ist er, es kommt alles darauf an, auf dem Zettel zu stehn, und dazu muß man was sprechen. Und es war die furchtbarste Aufregung um einen Satz in dem Stück, was Wallensteins Lager heißt. Und da ist eine Alte, die mit den vielen Soldaten schläft. Das wird nicht gesagt, aber man kann es herausmerken. Und sie verkauft auch in einem zu essen an die Soldaten, aber ich denke mir, davon allein kann sie nicht leben, wo noch dazu ein Krieg war von 30 Jahren. Und diese Alte hat eine Verwandte, die jung ist und natürlich auch mit den

Soldaten schläft, denn was soll sie sonst tun. Und heißt Marketenderin, was ein Fremdwort ist – ich hätte die Mädchen gern deswegen gefragt. Aber trotz Leo hatte ich eine Hemmung, meine Unkenntnis zu zeigen, was man ja
5 auch nie soll. Denn dann wird man nur unterdrückt. Und weil die zwei Weiber, die Marketenderin heißen, doch so ein Odeur haben, denke ich mir – es kommt von Marke. Und Tender ist doch was mit Zügen – also herumziehende Marke. Und so sehe ich wieder, daß man mit ein bißchen
10 Nachdenken sich vieles selber erklären kann und gar nicht fragen braucht. Und die junge Marke läuft herum und schenkt ein und sitzt in einem Zelt, was aber jetzt noch nicht da ist – erst auf der Hauptprobe. Und sie kommt dann einmal raus aus dem Zelt und ruft: Base, sie wollen fort!
15 Womit natürlich wieder Soldaten gemeint sind. Und muß das sehr aufgeregt rufen, was ich aber nicht verstehe, denn es bleibt noch genug Militär da, und da kommt es doch auf ein paar weniger auch nicht an – gerade bei Soldaten, die ja doch alle egal sind. Und erst sollte die junge Marke von
20 Klinkfeld gestrichen werden, weil sie nur vom Militär ablenkt, aber jetzt hat er sich umbesonnen, und sie soll einen Satz schreien. Und um diesen Satz war eine Aufregung wie bei Hungersnot um ein Brot. Oder noch mehr. Weil es nur ein Satz war, waren die fertigen Schauspielerin-
25 nen nicht scharf drauf, und eine von der Schule sollte ihn bekommen. Und das sind sieben Mädchen, im Oktober, wenn eine neue Prüfung für Schülerinnen ist, kommen noch neue dazu. Alle müssen zwei Jahr lernen. Was da so viel zu lernen ist, ist mir unklar, aber ich will mich vorläufig
30 raushalten mit meinem Urteil und still sein, denn ich bin jetzt auch bei der Schule und habe auch einen Erfolg.
Also es ging um den Satz. Das fette Stück Linni setzte mir zu, ich sollte bei Leo machen, daß sie den Satz kriegte. Das war mir nun wieder peinlich, und es blieb mir nichts übrig,
35 als zu sagen: »Linni, du kannst dir denken, daß Leo nach seiner aufreibenden Arbeit es satt hat, nachts von Sätzen zu hören – und dann ist er auch so leidenschaftlich, daß er an nichts denken kann.«
Wollte sie Näheres von Leos erotischer Art wissen. Da

kann man mal sehen, wie so Mädchen von der Kunst sind –
ebenso wie die vom Büro und alle andern. Immer wollen
sie was Genaues wissen. Dabei können sie doch eigne
Erfahrungen machen. Mir hängt das Gefrage nach Leo
schon zum Hals raus. Wenn ich ihn sehe im Flur oder sonst, 5
kriege ich jedesmal einen Schreck in den Bauch, und mir
wird übel und schwach.
Und ich sagte zu Linni nur: »Leo hat es nicht gern, wenn
man über seine Erotik spricht.«
Und Pilli, die gequetschte Latte, lauerte ewig vor dem 10
Büro von den Regisseuren rum, um Klinkfeld anzukeilen,
was ich gleich raushatte. Und alle Mädchen kriegten Krach
und vertrugen sich und kriegten wieder Krach – also die
Sorgen möcht ich haben. Und Manna Rapallo, ein kleiner,
runder Knopf, fing von heute auf morgen ein Verhältnis 15
mit dem Bloch an, der Inspizient heißt und immer mit
einem dicken Bauch und einem Buch rumrennt, damit er
macht, daß sie den Satz kriegt. Aber das interessanteste ist,
daß es Mädchen von der höheren Schule sind, und die sind
wild auf den Satz von einer Marke und deutlich aus dem 20
Proletariat. Und daran kann man doch sehn, daß Theater
mit dem Leben gar nichts zu tun hat.
Und nun sagte Klinkfeld heute auf der Probe: »Ach, wir
haben ja noch den Satz.«
Und hat sonst eine hastige Stimme und hüpft wie ein 25
Känguruh mit langen Beinen im Parkett – aber das sagte er
nur nebenbei und fegte sich aus Überfluß ordnend mit der
Hand über den Kopf, was immer gerade Männer tun, die
kein Haar haben und darum gar keins ordnen können. Und
sie machen dann ein schlechtgelauntes Gesicht, weil sie die 30
unangenehme Entdeckung hatten, daß es glatt und kahl ist
auf ihrem Kopf. So war es auch bei Käsemann, und ich
konnte es ihm nicht abgewöhnen.
Und wie Klinkfeld mit dem Satz anfing, klopften alle
Mädchen als ein Herz – nur ich nicht. Und alle mußten ihn 35
sagen, und der Bloch mit dem Bauch schob den kleinen
Knopf Manna Rapallo vor und sagte laut, so als Gegenlei-
stung, weil sie mit ihm –: »Sie hat noch nie einen Satz
gehabt, die andern alle schon mal.«

23

Und da mußte sie auch den Satz sprechen, aber leider war
ihr das Erlebnis mit dem dicken Bauch auf die Stimme
geschlagen, und sie piepste heiser wie eine unterernährte
Nebelkrähe. Und dann bekam den Satz Mila von Trapper.
5 Man denke sich eine echt Adlige mit früherem General als
Vater als proletarische Marke. Also, ich kann nur sagen, es
ist furchtbar interessant beim Theater. Mila von Trapper
hat chinesische Augen und großartige Figur – muß man ihr
lassen. Aber sie behandelte mich mit einer Gemeinheit, die
10 ohne Beschreibung ist, weil sie erst später zu den Proben
kam und noch nichts wußte von Leo und mir. Sie ist sehr
stolz, denn sie ist ein großes Talent, was etwas ist, das hier
Ungeheures bedeutet. Und kein Talent haben ist schlim-
mer, als im Zuchthaus zu sein. Und einmal hat Mila von
15 Trapper im Konversationszimmer Talent gemacht, alle
waren nach Haus – nur die Mädchen von der Schule noch
da, die am liebsten im Theater übernachten würden. Alle
saßen auf Tisch und Fensterbrett mit sehr ernster Stirn und
bedeutsamem Mund, und das stolze Trapper machte
20 Talent und schrie. Bißchen unanständig – was mit Holofer-
nes und daß sie ihm keinen Sohn gebären wollte, was auch
keiner von ihr verlangt hat – na, eben was in so schwierigen
Theaterstücken vorkommt. Und rutschte auf dem Boden
und wand sich wie Tante Klärchen, wenn ihre Gallensteine
25 losgehen – und schrie. Ich fand es nicht schön, aber ich
muß sagen, so laut könnte ich's nicht. Und sie machte vor,
wie sie einem den Kopf abhaute, so mit einer Art, die
Arme zu schwenken, als wenn der Kopf sehr schwer
abginge – ich fand das ein bißchen roh –, und brüllte und
30 taumelte dann im Wahnsinn. Sehr schaurig. Und das
Ganze nennt man Ausbruch. Und alle sagten: fabelhaft,
und es wäre eine Vorsprechsache.
Und weil ich doch nichts Fachmännisches zu sagen wußte
und sie sich doch so furchtbar angestrengt hatte und richtig
35 schnaufte, wollte ich auch etwas Freundliches von mir
geben und sagte, wie sie mir fragende Blicke warf: »Nehmen Sie sich jetzt nur vor Zugluft in acht, denn Sie haben
sich enorm heiß geschrien, und man weiß, wie die Grippe
grassiert.«

Zieht die doch ihre Mundwinkel bis zur Erde, daß es mich kalt überläuft, und sagt: »Das Kunststück hat Ihnen wohl keinen Eindruck gemacht, und vielleicht wissen Sie noch nicht mal, von wem Judith ist – möglich ist ja alles.«

Natürlich ist es möglich, denn wie sollte ich wissen, wer Judith ist, vielleicht heißt das Stück so, das sie gebrüllt hat. Ich war eine kurze Zeit in einer ganz traurigen Wolke, denn immerzu sind in meinem Leben Dinge, die ich nicht weiß, und immer muß ich tun als ob und bin manchmal richtig müde vor lauter Aufpassen, und immer soll ich mich schämen müssen, wenn Worte und so Sachen sind, die ich nicht kenne, und nie sind Leute gut und so, daß ich Mut hätte zu ihnen, um zu sagen: ich weiß ja, daß ich dumm bin, aber ich habe ein Gedächtnis, und wenn man mir was erklärt, gebe ich mir Mühe, es zu behalten.

Und ohne daß ich wollte, sprach es aus meinem Mund: »Nein, ich weiß es nicht.« Denn ich habe Augenblicke, da habe ich einen Hunger, nichts zu lügen. Aber das rächt sich natürlich.

Das Trapper sagte: »Leider wird die Kunst immer mehr proletarisiert.« Und an ihrem hochgezogenen Hals konnte ich sehen, daß sie etwas Gemeines gegen mich meinte.

Aber da nahm Linni sie beiseite und klärte sie auf wegen Leo und mir, da wurde sie auch gleich zuckrig zu mir. Aber ich hatte eine Wut wegen meiner Schwäche, denn wie komme ich damit durch die Welt, wie ich will.

Und nun bekam gestern das Trapper den Satz, weil sie ein Talent mit Ausbruch ist. Aber ich haßte sie – und warum war sie so gemein. Jetzt hat sie ausgebrochen.

Heute morgen seh ich das Trapper in die erste Etage stöckeln, es war kurz bevor sie drankam – ich hinter ihr her. Sie verschwindet in die Toilette – also der liebe Gott hat's gut mit mir gemeint – außen steckte der Schlüssel! Ich drehe ihn um – ganz leise – und hau wieder ab, gesehen hat mich keiner. Da kann sie toben. Es ist ein großer Zufall, wenn einer die Treppe raufkommt, denn unten ist noch eine Toilette, da gehn alle hin – nur das adlige Trapper muß was Besonderes haben. Nun hat sie's.

Darauf wurde der Satz nicht gesprochen, und Klinkfeld

geriet schon in Wut wegen Aufenthalt der Probe. Darauf
stürze ich aus dem Zelt, das aber noch nicht da ist – ich
hatte mein außerordentlich raffiniertes feuerrotes Kleid an,
ganz eng – und schrie: »Base, sie wollen fort.«
5 Und da mir wirklich angstvoll zumut war, bekam meine
Stimme ganz schweren Kummer um das Militär, das
abzog.
Fährt sich der Klinkfeld, ohne sich Haare ordnen zu
können, über die Glatze und fragt: »Wer sind Sie?«
10 Und ich sage es ihm. Schimpft er auf die echt Adlige, weil
sie nicht da ist, und sagt: »Sie können den Satz sprechen.«
Und die Mädchen haßten mich alle und waren darum voll
Ehrfurcht. Nach der Probe geh ich unten vorm Büro auf
und ab und hör das Trapper ganz von weitem gegen die
15 Klosettür hämmern. Aber das nützt ihr nichts, denn das fiel
keinem auf, weil Arbeiter darüber Kulissen nagelten und
furchtbares Getobe machten, wogegen das Adlige mit dem
Ausbruch nicht anstinken konnte. Und ich sause auf
Klinkfeld los, wie er kommt, und lasse mir schwören als
20 Ehrenmann und Lenker von Stücken, daß ich den Satz
behalte, trotzdem ich nicht auf der Schule bin. Spricht er
fragende Worte mit mir voll Interesse von oben nach unten
und ohne Erotik, was ich mir aber zum Teil auch damit
erkläre, daß Mittag war und er noch nicht gegessen hatte.
25 Fordert er mich ins Büro auf und bietet mir einen Sessel
und hatte selbst nur einen Rohrstuhl. Das werde ich ihm
nie vergessen, denn es war glatte Vornehmheit, wo er doch
nichts von mir wollte.
Und er geht dann nebenan zu dem Obersten – zu Leo –,
30 und beide kommen raus. Ich stehe Leo gegenüber und
wurde dunkelrot mit Zuckungen im Gesicht; denn mein
Gesicht sah seinen Bauch von rosenmustrigem Crêpe de
Chine umhüllt, und es war mir fast eine unanständige
Vorstellung. Und dabei schwebte ihm soviel Würde um die
35 Ohren. Die Sonne schien gegen sie an, und sie sahen aus
wie kleine rote Lampions. Und sein gekniffener Mund
lächelte höflich ohne Absicht wie eine Königin Luise. Ich
hatte ein Gefühl von gefrorenen Knien und einem Bauch,
der fortrutscht. Denn Männer in großer Stellung ohne

26

erotisches Wollen, wodurch das man Übermacht bekommt, haben einen schweren Eindruck auf mich. Und sie stellten Fragen an mich, die sich auf meine Bildung bezogen und was ich wollte.

Und dann sollte ich ihnen einen Vortrag halten und trug 5
den Erlkönig vor. Aber bei »mit Kron' und Schweif« wußte ich in meiner Erregung nicht weiter, was peinlich war. Darauf forderten sie etwas Lustiges von mir, und es wurde lange gemeinsam nachgedacht. Da habe ich ihnen schließ-lich den Schlager gesungen von Elisabeth ihre schönen 10
Beine und habe dazu getanzt, so von einer Seite zur andern.

Da haben sie gelacht, und Klinkfeld sagte zu Leo: »Eine ausgesprochen komische Begabung.«

Und Leo nickte und sagte: »Auch sehr graziös.« 15

Ich stand mit gesenktem Kopf und tat, als wenn ich nichts hörte, aber natürlich hörte ich genau jedes Wort. Und sie nahmen mich auf in die Schule, und Geld brauchte ich nicht zu bezahlen, das würde durchgedrückt. Also bin ich nicht mehr bei den Tiefsten. 20

Aber ich habe auch viel Zwiespalt auszustehn deswegen, denn mein Vater tobt: woher ich nun Geld verdiene, und meine Mutter will mir die Karriere lassen, und vor lauter allgemeinem Krach kann ich schon gar nicht mehr essen. Und mein Vater ist eben ein alter Mann und hat gar keinen 25
Inhalt in seinem Leben außer dreckige Karten spielen und Bier trinken mit Kümmel und in der Wirtschaft sitzen – und natürlich kostet das Geld. Und dadurch, daß ich ihm nichts gebe, nehme ich ihm was fort. Denn ich koste ja fast keinen Unterhalt, nur das Schlafen in der Muffkammer – und esse 30
doch fast nie zu Haus, sondern meistens auf Einladungen hin. Aber jetzt ist sein ganzes Gesicht voll Vorwurf. Ich muß glatt einen finden für meine Kleider und für fünfzig Mark monatlich für zu Haus, damit Ruhe ist. Und wenn ich dann sage, woher ich das Geld habe, schmeißt er mich raus 35
in moralischer Empörung. Aber wenn ich gar nichts sage, fragt er auch nicht, wo das Geld her ist, und hat auch keine Gedanken darüber, weil er Geld kriegt und eine morali-sche Beruhigung hat, wenn er nichts nachdenkt.

Und eine hat gesungen und mit dem Busen gewackelt – und
ein gelbes Kleid – Rose auf der Schulter – auf den Augen
pfundweise Knallblau. Und einer ist radgefahren – auf
einem ganz hohen Rad und hat Witze gemacht unter
5 Lebensgefahr – die Leute essen dabei, und so einem strömt
der Schweiß – dann klatschen sie. Er hätte tot sein können
– wieviel bekommt so ein Mann? Es war ein erstklassiges
Kabarett.
Ein Mann aus der Großindustrie hatte mich eingeladen,
10 indem er im Schauspielhaus Freikarten holte beim Portier
für morgen, denn wer Geld hat, hat Beziehungen und
braucht nicht zu zahlen. Man kann furchtbar billig leben,
wenn man reich ist. Und sprach mit mir und lud mich ein,
weil er mich als fertige Künstlerin ansah. Ich will eine
15 werden. Ich will so ein Glanz werden, der oben ist. Mit
weißem Auto und Badewasser, das nach Parfüm riecht,
und alles wie Paris. Und die Leute achten mich hoch, weil
ich ein Glanz bin, und werden es dann wunderbar finden,
wenn ich nicht weiß, was eine Kapazität ist, und nicht
20 runter lachen auf mich wie heute – ob das Trapper noch auf
dem Klosett sitzt? Wenn ich sie übermorgen noch nicht
sehe, schließe ich sie auf, denn ich will sie nicht ausgesprochen verhungern lassen.
Ich werde ein Glanz, und was ich dann mache, ist richtig –
25 nie mehr brauch ich mich in acht nehmen und nicht mehr
meine Worte ausrechnen und meine Vorhabungen ausrechnen – einfach betrunken sein – nichts kann mir mehr
passieren an Verlust und Verachtung, denn ich bin ein
Glanz.
30 Die Großindustrie bin ich schon wieder quitt, denn die
Politik vergiftet schon im voraus menschliche Beziehungen. Ich spuck drauf. Der Konferenzier war ein Jude, der
auf dem Rad war ein Jude, die getanzt hat, war ein Jude.
Fragt mich die Großindustrie, ob ich auch ein Jude bin.
35 Gott, ich bin's nicht – aber ich dachte: wenn er das gern
will, tu ihm den Gefallen – und sag: »Natürlich – erst vorige
Woche hat sich mein Vater in der Synagoge den Fuß
verstaucht.«
Sagt er, er hätt es sich ja denken können bei meinem

krausen Haar. Dabei sind es Dauerwellen und von Natur
aalglatt. Und er wird eisig mit mir und stellte sich heraus als
Nationaler und hatte eine Rasse – und Rasse ist eine Frage
– und wurde darauf feindlich – das ist alles sehr kompliziert.
Ich hatte es genau gerade falsch gemacht. Aber es war mir zu   5
dumm, nu wieder alles zurückzunehmen, und ein Mann
muß doch vorher wissen, ob ihm eine Frau gefällt oder nicht.
So was Idiotisches. Machen sie erst vollfette Komplimente
und reißen sich Arme und Beine und was weiß ich noch alles
aus – sagt man auf einmal: ich bin eine Kastanie! – sperren   10
sie das Maul auf: ach, du bist eine Kastanie – pfui, das wußte
ich nicht. Dabei ist man noch dasselbe wie vorher, aber
durch ein Wort soll man verändert sein.
Ich bin betrunken. Ob Hubert noch in der Stadt ist? Wie
die Großindustrie dann betrunken war, kam es ihr nicht   15
mehr so drauf an, und sie wollte. Und wie ich sagte, mein
Haar wäre glatt von Natur, da machte er mich zu einer
Rasse mit Blut und ging aufs Ganze. Aber mir war die Lust
vergangen, denn wenn er nüchtern wird, fängt auch die
Politik wieder an – das ist mir unheimlich, und man kann   20
nie wissen, ob man nicht politisch ermordet wird, wenn
man sich da reinmischt.
Am Tisch nebenan saß eine wunderbare Dame mit ganz
teuren Schultern und mit einem Rücken – ganz von selbst
gerade, und ein so herrliches Kleid – ich möchte weinen –   25
das Kleid war so schön, weil sie nicht nachdenken braucht,
woher sie's bekommt, das sah man dem Kleid an. Und ich
stand auf der Toilette neben ihr, und wir sahen zusammen
in den Spiegel – sie hatte leichte weiße Hände, so mit
vornehmem Schwung in den Fingern, und sichere Blicke –   30
so gleichgültig nebenbei – und ich sah neben ihr so schwer
verdient aus. Sie war groß und gar nicht schlank und
glänzte blond. Sie war so weich und gerade und gebadet.
Es muß interessant sein für einen Mann, sie zu küssen, weil
sie so eine Frau ist, bei der man vorher nicht wissen kann,   35
wie sie ist. Bei mir weiß man es. Ich hätte ihr furchtbar gern
gesagt, daß ich sie so schön und so wie eine gesungene
Nacht finde, aber dann hätte sie vielleicht gedacht, ich bin
schwul, und das wäre falsch gewesen.

Alles war voll rotem Samt, und eine hat getanzt unter
Scheinwerfern, aber sie war auch schwer verdient und
mußte sich Mühe geben. Ob man wohl ein Glanz werden
kann, wenn man es nicht von Geburt ist? Aber ich bin doch
5 jetzt schon Schauspielschule. Ich habe aber noch keinen
Abendmantel – alles ist halber Kram – das Stück mit Fuchs
ist nachmittags eine gute Sache und abends ein Dreck. Die
Frau hatte ein Cape – schwarz Seal mit Weiß – ob es
Hermelin war? Aber sie hat von Geburt eine Art, daß
10 weißes Kaninchen an ihr aussieht wie Hermelin – mir ist
fromm und nach Gänsehaut bei dem Wort – wenn Therese
Handschuhe anhat aus echt Waschleder, sehen sie doch aus
wie nur Stoff.
Zu dem Kabarett bin ich mit der Straßenbahn gefahren an
15 den Friedhöfen vorbei – eine Frau ist eingestiegen, die
ihren Mann begraben hat – sie hatte eine schwarze Wolke
von Schleier und ganz schwarz und kein Geld für Auto,
aber Handschuhe schwarz, und alle konnten ihr Gesicht
sehen, die Augen kaputt und konnten nicht mehr weinen –
20 und ganz schwarz und hatte ein knallrotes Stadtköfferchen,
ganz unmodern und klein und feuerrot – das machte mir
einen Stich durch den Hals – auch die blonde Strahlenfrau.
Ich fühle wieder etwas Großartiges in mir, aber es tut mir
so komisch weh.

25 Heute hatten wir Generalprobe – auch das Zelt ist jetzt da.
Leo saß im Parkett neben Klinkfeld und sonst noch
aufregende Leute von der Spitze der Stadt. Mir ist furchtbar übel, ich zittre um meine Karriere und erlebe schwind-
lige Minuten, denn jetzt ist es im ganzen Theater rum – das
30 von Leo und mir. Ich glaube, er ist der einzige, der noch
nicht weiß, daß er ein Verhältnis mit mir hat. Aber wie
lange kann es dauern, dann erfährt er es und auch das mit
den Pyjamas, was jetzt als intime Note im Theater erzählt
wird. Mir ist ganz koddrig. Dazu die Probe mit Lärm und
35 Krach und lauter Dekoration und furchtbar viel buntes
Militär. Und ich habe den Mönch, der eine Rede hält auf
einem Leiterwagen, heimlich mit aller Gewalt auf den Fuß
gestampft bei hochgezogenem Vorhang, wo er nichts sagen

konnte. Und das, weil er mich gestern und die früheren Tage immer hinten gekniffen hat im Dunkeln hinter der Bühne. Das haben andre auch getan, aber am meisten der Mönch. So ein Schwein. Und es war mir aufgefallen, daß immer nur die tieferen Schauspieler, die wenig zu sagen haben, einen kneifen und hintendrauf hauen – wieso sollte ich mir das gefallen lassen? Bei den Großen wäre ich nicht so gewesen, wenn die sich nach ihren unaufhörlichen Sätzen und schweren Schreien mal eine leichte Ablenkung hätten machen wollen – und dann hätte in ihrer Handlung auch nicht so viel Beleidigung für mich gelegen. Aber die taten es nicht. Nur die Alten und Schäbigen. Und der Mönch kniff mich mehr, als er Sätze zu sagen hat, und war mir eine gemeine Last.

Aber seit heute morgen wußten alle von Leo und mir – da kniff mich keiner mehr. Sie schlugen nur noch weite und nahe Bogen um mich und taten Bildung in ihre Sprache mit mir. Auch der Mönch. Aber trotzdem lockte mich auf der Bühne eine Gelegenheit zur Rache, und ich stellte mich mit Wucht auf seinen Fuß, weil ich schon durch sein ungewaschenes Gesicht wußte, daß er Hühneraugen hat.

Und das mit Leo hat sich verbreitet durch das Trapper, weil ich ihren Satz habe und mir nicht nehmen lasse, worauf sie zur höchsten Instanz will. So eine ist das. Daß ich sie auf dem Klosett verrammelt habe, weiß sie Gott sei Dank nicht. Es war große Aufregung deswegen, denn sie hat eine ganze Nacht da gesessen, und am nächsten Morgen wurde sie von Wallenstein persönlich entdeckt und aufgeschlossen und bekam einen Nervenzusammenbruch, was ich immer für eine gelogene Krankheit halte. Und ihr Vater, der General ist, will Beziehungen machen und ein Theater schließen lassen, wo anständige Mädchen im Klosett eingesperrt werden. Und die Sache läuft. Aber das Trapper auch. Auf der Probe. Und will ihren Satz wiederhaben. Aber Klinkfeld hat ihr für das nächste Stück einen enorm großen Satz versprochen. Darauf will sie mit ihrem Vater das Theater erst schließen lassen, wenn das Stück mit ihrem enormen Satz vorbei ist. Statt nun endlich ruhig zu sein, wirft sie Neid auf mich und erzählt überall von Leo

und mir. Und zieht einen Verdacht um Leo, daß er selber sie eingesperrt hat auf dem Klosett aus Erotik zu mir. Ich finde es sehr niedrig, auf einen wirklich vornehmen Mann einen so schmutzigen Verdacht zu streuen. Und die Mäd-
5 chen finden, an der Art, wie Leo an mir vorbeigeht, könnten sie merken, daß er mir vollständig verfallen ist. Dabei sieht er mich gar nicht an – ich sagte das – da meinten sie nur: das wäre es ja gerade. Mir ist sehr ekelhaft, lange kann das alles nicht mehr gutgehen.
10 Ich treffe Therese nachher. Sie hat für mich eine Art von blasser Beruhigung nach dem aufregenden Lärm. Alle wollen so schrecklich viel und laut, und Therese ist eine, die nichts will – so was ist eine Wohltat. Ich werde ihr meine braune Holzkette schenken mit den gelben Spren-
15 keln – dann hat sie eine ruhige Freude.
Wir haben auch heute geschminkt, das sah so wachsig aus in den Garderoben bei dem Licht von der Sonne durch das Fenster. Und Linni sah aus wie eine aufgeplusterte gefärbte Leiche mit Augen wie angebrannte Spiegeleier
20 und das Trapper wie eine Jahrelange vom Strich. Ich mußte sehr aufpassen, wie sie es machen mit den geränderten Augen und allem, und mein Gesicht wurde mir interessant entfremdet. Und wie ich im Spiegel lachte, war das nur wie ein Schnitt im Gesicht. Und ich bin wohl sehr für Puder
25 und Rot auf den Lippen – besonders Coty dunkel –, aber ich finde, man soll sich nicht so schminken, daß man ein Lachen hat, das einem nicht mehr aufs eigene Gesicht gehört.
Aber unten auf der Bühne mit Licht von oben und unten
30 war dann doch alles wieder richtig. Und wir hatten ganz große Hüte aus minderwertigem Material, weil es dreißig-jährige Kriegsware ist – mit sehr enormen Federn. Ich habe mir einen Hut ausgesucht mit weißer Feder, denn die kann ich noch mal gebrauchen. Wenn das Stück nicht mehr
35 gespielt wird, nehme ich sie mir mit nach Haus. Das übrige Kostüm ist Tinnef. Ganz verschlissenes Zeug, so wie die Ellmanns, die neben uns wohnt, sich anzieht, wenn sie mal als Putzfrau in feine Häuser geht, damit die Damen einen Drang bekommen, ihr Kleider zu schenken. Zu Haus

schimpft sie dann über die Kleider, und so einen Dreck zöge sie nicht an – und wischt ihre Stuben mit auf aus innerer Wut. Und die Beckers, die über ihr wohnt und es furchtbar nötig hat und von ihrem Mann mehr Kinder kriegt als Geld, die wär' schon froh über eine kaputte 5 Bluse, aber der schenkt keiner was, weil sie Bescheidenheit in sich hat und anständig ist. Ich hasse die Ellmanns und habe sehr viel Gründe dafür.

Das war ein Tag. Ich hatte meine Premiere von Wallenstein. Ich habe mehr Blumen bekommen wie die ganzen 10 anderen Schauspieler zusammen. Ich hatte schon vorher rumgesprochen, daß ich spiele, und außer Hubert waren alle Männer im Theater, mit denen mich einmal Beziehungen verbanden. Ich hätte nie gedacht, daß es so viele sind. Sonst war das Theater sehr leer. Außer meinen Männern 15 war kaum Publikum da.
Sehr anständig hat sich Käsemann benommen, indem daß er mir einen Rosenkorb geschickt hat mit goldener Schleife und roten Buchstaben: »Ein Bravo der jungen Künstlerin!« 20
Ich bin jetzt fast schon ein Glanz. Und von Gustav Mooskopf gelbe Chrysanthemen, so groß wie meiner Mutter ihr Kopf, wenn sie die Haare gebrannt hat. Und vom Delikateß-Prengel ein Korb mit Ölsardinen und Tomatenpüree und feinste Mettwurst und ein Brief: ich soll 25 seiner Frau nichts sagen. Ich werd mich hüten. Der Frau trau ich glatt Vitriol zu, darum halte ich mich auch lieber von Prengel fern, den ich sonst in Betracht ziehen würde. Und Jonny Klotz schickte mir die Hupe von seinem Raten-Opel mit einer Karte: er hätte leider mal gerade wieder 30 keinen Pfennig für Blumen, aber er ladete mich und Therese ein nach der Vorstellung in die Mazurka-Bar, wo er einen Ober kennt, bei dem er anschreiben lassen kann. Und von Jakob Schneider drei edle Schachteln Katzenzungen mit lila Band und Schleife und voll Geschmack eine 35 gelbe Georgine raufarrangiert und dem höflichen Ersuchen, hinter Wallenstein in der Schloßdiele ein Menü â la carte mit ihm zu nehmen. Aber das konnte ich nicht, weil

er leider so furchtbar schielt, daß ich mitschiele, wenn ich ihm gegenübersitze und ihn lange ansehe – und dadurch verliere ich an Reiz, und das kann man nicht von mir verlangen.

5 Und bin dann nur mit Therese und Hermann Zimmer vorausgegangen ganz primitiv Bier trinken in einer Wirtschaft. Denn Hermann Zimmer geht auf Montage und hat eine Rührung in mir veranlaßt durch einen Strauß Herbstastern – wo er kaum Geld hat und eine Jugendfreundschaft

10 von mir ist. Und ist im Athletenklub, wo ich Ehrendame bin. Und alle Jungens vom Klub schickten mir einen riesigen Kranz aus Lorbeeren und Tannenzweigen mit bunten Seidenrosetten, was erst bestimmt war von einer Privatperson für das Begräbnis vom Bürgermeister vorige

15 Woche und dann nicht abgeholt wurde wegen nicht bezahlen können – und darum haben sie ihn billiger bekommen. Ein schönes Stück, was sich auch lange hält. Und das gab mir natürlich Verpflichtungen, denn der Athletenklub kam nach in die Wirtschaft, und es wurde groß gefeiert. Und

20 alle Jungs waren auf der Galerie gewesen, und nach meinem Satz haben sie Bravo geschrien, und Hermann Zimmer hat getrampelt, und Käsemann hat vom ersten Rang runter geklatscht, und Gustav Mooskopf ist in seiner Loge anerkennend mit dem Stuhl gerutscht – es war eine

25 Sensation. Und einen Augenblick wurde nicht weitergespielt, denn weil Bravo gerufen wurde, reizte das andere Leute zum Zischen und Pfeifen, und Klinkfeld zitterte in der Kulisse und sagte, es wären Kommunisten und ein Theaterskandal. Aber es war wegen mir. Doch ich dachte,

30 es ist besser, wenn ich das nicht sage, trotzdem der Athletenklub auf dem Standpunkt steht, daß ich eine Attraktion für die hiesige Bühne bin.

Ich hab auf dem Tisch getanzt und das Lied von Elisabeth gesungen – sagten sie, das wäre ihnen lieber wie der ganze

35 Schiller. Und Therese war betrunken – ich habe Hermann Zimmer eine von Prengels Mettwürsten geschenkt, damit er ihr alle fünf Minuten vornehm die Hand küßt und ihr nette Sachen sagt, daß sie hübsch aussieht und so – denn so was will eine Frau hören, wenn sie einen Schwips hat.

Und sie wurde wirklich flott, und wenn sie ihren Verheirateten endlich restlich vergißt, bekommt sie vielleicht eine neue Blüte – so was kommt vor, und ich würde mich freuen.

Vielleicht sage ich ihr morgen, daß sie bei den Verwandten von Hubert anruft. Wo ich nun berühmt bin und ein Glanz, kann er mir ja wohl nicht mehr schaden. Vielleicht stehe ich auch morgen in der Zeitung wegen einer Kritik. Und sind dann noch alle in die Mazurka-Bar zu Jonny Klotz. Ganz fabelhaft.

Unterwegs haben wir in belebter Straße in meiner Manteltasche mit der interessanten Opel-Hupe gehupt wie ein Kaiser-Wilhelm-Gedächtnis-Auto – alle Leute stiebten auseinander, und einer sang »Heil dir im Siegerkranz«, der war betrunken. Durch eine Flasche Asbach, die wir mit uns führten, kamen wir ins Gespräch mit ihm – wir tranken alle reihum aus der Flasche, der Siegerkranz hatte einen tüchtigen Zug und milde gebrochene Augen. Er erzählte, daß er eben in einer Wirtschaft zum siebzehntenmal sein Eisernes Kreuz I. versetzt hat, um weiterzutrinken, und auf die Weise machte sich eine lebensgefährliche Patrouille noch einigermaßen schwach bezahlt. Und wir nahmen ihn mit zu Jonny, er hatte eine Glatze vom Stahlhelmtragen, aber das sagen alle, außer sie sind unter dreißig. Und sagte, er hätte nichts mehr vom Leben und darum finge es jetzt für ihn an. Der Athletenklub sang die Marseillaise, was ein französisches Lied ist, und meinte, darauf hätte er neue Aussichten. Da sang er mit. Er hatte eine Trostlosigkeit in den Mundwinkeln, und ich gab ein Geschenk von Küssen auf ihn, weil er mir leid tat, was mir leicht passiert, wenn ich einen in der Krone habe.

Und Therese hatte noch die ganze Mappe voll geschäftliche Briefe vom Pickelgesicht – das ist so weit von mir fort – war ich da auch mal? Mein Leben rast wie ein Sechstagerennen. Und die Briefe mußten fort und waren noch nicht frankiert, die Marken krümelten in der Mappe rum. Ich sah ein, daß sie fortmußten, sie machten mich nervös, und Therese packte aus Betrunkenheit sturer Eigensinn – und wir feuchteten die Marken mit Cherry Cobler, nachdem

Jonny von drei Achtern den Klebstoff fortgeleckt hatte, daß sie nicht mehr zu gebrauchen waren. Und Therese ging zum Briefkasten gegenüber und hat sich eine halbe Stunde verlaufen, ehe sie wiederkam. Sie hat eine furchtbare
5 Ortskenntnis – wenn sie in einem Lokal auf die Toilette geht, sollte man ihr einen Kompaß mitgeben. Und die Jungens haben zu drei Mann einen Tisch gestemmt mit gestrafften Armen ganz hoch – mit mir drauf und mit Jonnys Ober von über 200 Pfund. Eine kolossale Leistung,
10 die man nur durch die Begeisterung und durch schweres Trainieren erklären kann. Es war großartig.
Wir zogen dann durch die Straßen und sangen Lieder ohne Politik, was ich wünschte. »Das Wandern ist des Müllers Lust« und »Kommt ein Vogel geflogen«, was so harmlos
15 ist, daß Zweifel in mir sind, ob nicht heimlich doch ein gemeiner Sinn drin steckt. Und ein Schupo wollte uns aufschreiben, der Athletenklub bot ihm Asbach, darauf ging er nicht ein. Da glitzerte ich ihn an – so mit Augen und gab ihm einen Kuß auf einen Uniformknopf, der blind
20 wurde. Der Schupo auch. Und aufgeschrieben hat er nicht.
Und bin so müde voll Fieber und Aufregung. Ach, Hubert. Und habe Rosen um mich und toll viel Blumen. Und hab den Kranz von Lorbeeren aufgehängt über meinem Bett,
25 wo Thusnelda gehangen hat mit Armen so dick wie ein Kinderleib, aber der Kranz steht mir näher. Und auf dem Nachtskommmödchen – so schäbig – was ich gekauft habe von der Beckers, weil sie's so nötig hatte – trotzdem es nach ärmlicher Verheiratung aussieht – da steht der
30 Rosenkorb von Käsemann, die Schleife breitet sich runter auf mein Kopfkissen. Ich werde mein Gesicht drauf legen und schlafen auf roten Buchstaben: »Ein Bravo der jungen Künstlerin.« Und gehe jetzt wieder mal leider allein zu Bett.
35 Wenn es klingelt, werde ich wahnsinnig. Lieber Gott, hilf mir. Ich habe ausgeglänzt, meine Karriere ist hin, alles ist hin – aber das heißt: alles ist hin, bedeutet mir – alles fängt an. Mein Herz ist ein Grammophon und spielt aufregend mit spitzer Nadel in meiner Brust, die ich nicht habe, weil

es sich gemein anhört nach Kindernähren und alter Sänge-
rin von Opern, wo man nicht weiß, ob ihr Busen größer ist
oder die Stimme. Ich schreibe in Fieber und mit zitternder
Hand, um Stunden zu füllen in Thereses möblierter Stube –
sturmfrei, trotzdem sie keinen Gebrauch davon macht, so 5
ist es immer – was man nicht braucht, hat man, und was
man braucht, hat man nicht. Lieber Gott, meine Buchstaben zittern auf dem Papier wie sterbende Beine von
Mücken. Ich muß aufhören zu schreiben.
Heute abend fliehe ich. Nach Berlin. Da taucht man unter, 10
und Therese hat eine Freundin da – zu der kann ich. Ich
möchte weinen. Aber in mir ist ein Wunsch, der es dahin
gebracht hat. Mein Kopf ist ein Ofen, mit Steinkohle
geheizt. Jeden Augenblick kann ich verhaftet werden –
durch den Fehmantel, durch die Ellmanns, durch Leo und 15
einen Schupo oder durch den Trapperschen General ...
Und alles wegen Hubert und einem inneren Drang, der
fremd in meinem Bauch ist.
Das war gestern abend – da hatten wir Wallenstein. Ich
komm ins Theater für zu schminken – da wartet schon 20
Therese auf mich – sie war fertig mit dem Geschäft, und ich
fing an.
Sagt sie: »Doris, Hubert hat telefoniert.« Und hat Erkundi-
gungen eingezogen über mich, hat mich angerufen beim
Pickelgesicht, und Therese machte sich an den Apparat, 25
indem sie eine Verabredung zwischen uns zusammenstellte
in Küppers Kaffee um acht nach dem Lager.
Und ausgerechnet, was einmal passiert im Jahr, hatte ich
meinen alten Regenmantel an – weniger wegen Regen, als
weil ich Ausschlafen nötig hatte, darum gleich nach Haus 30
wollte und meine Schwäche kenne für abendliche Versu-
chungen und darum meinen widerlichen Mantel anzog, in
dem ich für kein Geld wo hingehe.
Ich liebe Therese, sie benimmt sich fabelhaft. Wenn ich ein
Glanz bin, werde ich sie mit beglänzen und einen Seiten- 35
glanz von mir aus ihr machen. Ich habe so Angst. Ob sie
einem im Gefängnis den Puder fortnehmen? Ich war noch
nie drin. Therese auch nicht. Gott, mein Vater! Alles muß
genau überlegt werden. Da – ich glaube, es hat geklingelt –

meine Augen fallen mit einem Schrei in meinen Kopf
zurück – ich mache nicht auf – ich klettre raus aus dem
Fenster, wenn sie kommen – ich laß mich nicht kriegen.
Nie, nie, nie. Nun gerade nicht. In mir ist Kraft von
5 Revolvern. Ich bin ein Detektivroman. Hilf mir, lieber
Gott – ich will mit einem Messer »lieber Gott« in meinen
Arm schneiden, ganz tief, daß Blut kommt – wenn du
machst, daß ich heil nach Berlin komme.
Es ist ganz ruhig – meine Nerven haben geklingelt. Ich
10 beiße in meine Hand – das tut so weh, daß meine Angst
aufhört.
Ich war mit dem alten Regenmantel – und Hubert –
Küppers Kaffee – keine Zeit nach Hause zu gehn für den
Mantel mit Fuchs. Ganz ratlos. Ich wollte doch gerade vor
15 Hubert strahlen und rauschen. Und wir schminken uns ab
mit Fett – ich heimlich mit Margarine Schwan im Blauband
von zu Haus mitgenommen – kommt auf einmal der Portier
und ruft vor der Tür: wenn ich fertig bin, soll ich sofort zum
Direktor kommen. Mir geriet Schwan im Blauband in die
20 Augen – Gott, wie mir wurde. Also war es so weit. Leo –
Pyjamas mit Rosen – die Mädchen guckten und machten
sich bedeutsame Blicke und glaubten an wilde Leiden-
schaft. Ich wußte es besser. Ich fand nur noch Kraft, mir
heimlich die weiße Feder vom Wallensteinhut zu klauben –
25 sie liegt jetzt neben mir. Ich hatte ganz heiße Sehnsucht
nach Hubert als nach einem Mann mit einer kleinen Kuhle
in der Schulter, wohinein man den Kopf legt und den Mann
weiter sein läßt als sich. So was zu wollen rächt sich. Ich
ahnte es im voraus, aber mein Gefühl hatte keine Lust, es
30 zu wissen. Jetzt hat das Trapper meinen Satz, hoffentlich
stolpert sie und fällt hin, wenn sie aus dem Zelt stürzt. Und
packte mein Klümpchen Margarine ein – wieso soll ich dem
Drecktheater was schenken? – und die Stifte für Augen zu
rändern – ganz neu gekauft.
35 Und ging in die Garderobe vom Parkett, um meine Mutter
zu sehn, die manchmal unter Umständen Verständnis hat.
Aber man kann ja nichts verstehn von andern, wenn man
nicht alles miterlebt und von demselben Fluidum umhaucht
ist, das macht, daß man etwas tut oder nicht. Aber meine

Mutter war nicht da – statt ihr die Ellmanns, das Biest, was neben uns wohnt. Die saß da und schlief leidend, weil sie es nicht nötig hat und ohne Grund. Da sah ich an einem Haken einen Mantel hängen – so süßer, weicher Pelz. So zart und grau und schüchtern, ich hätte das Fell küssen können, so eine Liebe hatte ich dazu. Es sah nach Trost aus und Allerheiligen und nach hoher Sicherheit wie im Himmel. Es war echt Feh. Zog ich leise meinen Regenmantel aus und den Feh an, und gegen mein alleingelassenes Regenstück bekam ich ein trauriges Gewissen, als wenn eine Mutter ihr Kind nicht will, weil es häßlich ist. Aber ich sah aus! Und faßte den Entschluß, so vor Hubert zu treten und später den Mantel vor Schluß der Vorstellung wieder hinzuhängen. Aber etwas in mir wußte gleich, daß ich ihn nicht mehr hergeben würde, und war auch im voraus schon viel zu bange, später noch mal zurückzukommen in dieses Theater und Leo noch sprechen müssen und der Ellmanns ihre Stechaugen sehn und die Stimme hören und alles.

Und der Pelz war für meine Haut wie ein Magnet, und sie liebte ihn, und was man liebt, gibt man nicht mehr her, wenn man es mal hat. Aber ich log das alles fort und glaubte wirklich, ich wollte wiederkommen. Innen Futter aus Crêpe marocain, reinseiden mit Hand gestickt. Und ging fort in Küppers Kaffee. Saß der Hubert da und hatte Ringe um die Augen wie Continentalreifen und hatte früher immer was von gebadeter Babyhaut – war alles fort. Und wir sagten so vornehm »Du« zusammen, daß es wie »Sie« war. Aber mein Mund war offen für seine Küsse, weil er traurig war. Doch er hatte eine Bewunderung für mich, die nicht gut gewesen ist und mich nicht stolz machte. Um mich war der Mantel und hatte mehr schlagendes Herz für mich als Hubert.

Ich merkte gleich, daß die echt Jungfräuliche ihm abgesprungen war und der Vater von Professor auch und hat keine Stelle und macht Murks hier. Und sagte: »Doris, dir geht es gut – ich sehe es, Therese hat mir von deiner Karriere gesprochen.«

Ich sagte: »Danke.«

Und Leo wartete – wegen der Pyjamas – es war spät – die Ellmanns – ich war von der Welt losgerissen – und mein wütender Vater – alles war verkorkst – und Hubert wurde eine gestorbene Erinnerung und saß nicht lebendig da – ich
5 wollte Gefühle aus mir reißen für ihn, und es war so, wie wenn ich seine Photographie ansah, wenn ich betrunken war und wollte glauben, sie spricht mit mir, und wenn ich furchtbar viel Kraft aus mir riß, konnte ich das manchmal glauben.
10 Und ging dann mit ihm. Und habe mit einer Photographie geschlafen. Es war sehr kalt. Und er fragte nach meiner Gage und wollte Hilfe. Ich habe doch nichts. Und sagte, Therese hat so ein bißchen kalten Aufschnitt gemacht, alles ist halb so wild, und es überkam mich zu sagen, daß alles
15 aus ist.
Und ich machte einen Versuch und sagte: »Hubert, du hast nichts, ich habe nichts, das ist genug – wir wollen zusammen aus nichts etwas machen.« Da kroch eine Enttäuschung über ihn und machte, daß er mir widerlich zum
20 Brechen war.
Und ich wusch mein Gesicht. Es war dunkler Morgen, und ich sah sein Gesicht im Bett, das machte mich böse und voll Ekel. Mit einem Fremden schlafen, der einen nichts angeht, ganz umsonst, macht eine Frau schlecht. Man muß
25 wissen wofür. Um Geld oder aus Liebe.
Ich ging fort. Es war fünf Uhr morgens, die Luft war so weiß und kalt und naß wie ein Bettlaken auf der Wäscheleine. Wo sollte ich hin? Ich mußte umherirren im Park mit den Schwänen, die kleine Augen haben und lange Hälse,
30 mit denen sie die Leute nicht mögen. Das kann ich verstehn, aber ich mag die Schwäne auch nicht, trotzdem sie sich bewegen und man darum Trost mit ihnen haben sollte. Alles hat mich allein gelassen. Ich hatte kalte Stunden, und mir war wie begraben auf einem Friedhof mit
35 Herbst und Regen. Dabei war gar kein Regen, sonst hätte ich mich unter ein Dach gestellt wegen dem Feh.
So hochelegant bin ich in dem Pelz. Der ist wie ein seltener Mann, der mich schön macht durch Liebe zu mir. Sicher hat er einer dicken Frau unrichtig gehört – einer mit viel

40

Geld. Er hat Geruch von Schecks und Deutscher Bank.
Aber meine Haut ist stärker, jetzt riecht er nach mir und
Chypre – was ich bin, seit Käsemann mir großzügig drei
Flaschen davon geschenkt hat. Der Mantel will mich, und
ich will ihn, wir haben uns.   5
Und ging zu Therese. Sie erkannte mit mir, daß ich fliehen
muß, weil Flucht ein erotisches Wort für sie ist. Sie
beschafft mir gespartes Geld. Lieber Gott, ich schwöre dir,
ich gebe es ihr mit Diamanten und Glück für sie zurück.

Zweiter Teil:

Später Herbst – und die große Stadt

Ich bin in Berlin. Seit ein paar Tagen. Mit einer Nachtfahrt
und noch neunzig Mark übrig. Damit muß ich leben, bis
5 sich mir Geldquellen bieten. Ich habe Maßloses erlebt.
Berlin senkte sich auf mich wie eine Steppdecke mit
feurigen Blumen. Der Westen ist vornehm mit hochpro-
zentigem Licht – wie fabelhafte Steine ganz teuer und mit
so gestempelter Einfassung. Wir haben hier ganz übermä-
10 ßige Lichtreklame. Um mich war ein Gefunkel. Und ich
mit dem Feh. Und schicke Männer wie Mädchenhändler,
ohne daß sie gerade mit Mädchen handeln, was es ja nicht
mehr gibt – aber sie sehen danach aus, weil sie es tun
würden, wenn was bei rauskäme. Sehr viel glänzende
15 schwarze Haare und Nachtaugen so tief im Kopf. Aufregend. Auf dem Kurfürstendamm sind viele Frauen. Die
gehen nur. Sie haben gleiche Gesichter und viel Maulwurf-
pelze – also nicht ganz erste Klasse – aber doch schick – so
mit hochmütigen Beinen und viel Hauch um sich. Es gibt
20 eine Untergrundbahn, die ist wie ein beleuchteter Sarg auf
Schienen – unter der Erde und muffig, und man wird
gequetscht. Damit fahre ich. Es ist sehr interessant und
geht schnell.
Und ich wohne bei Tilli Scherer in der Münzstraße, das ist
25 beim Alexanderplatz, da sind nur Arbeitslose ohne Hemd
und furchtbar viele. Aber wir haben zwei Zimmer, und
Tilli hat Haare aus gefärbtem Gold und einen verreisten
Mann, der arbeitet bei Essen Straßenbahnschienen. Und
sie filmt. Aber sie kriegt keine Rollen, und es geht auf der
30 Börse ungerecht zu. Tilli ist weich und rund wie ein Plümo
und hat Augen wie blankgeputzte blaue Glasmurmeln.
Manchmal weint sie, weil sie gern getröstet wird. Ich auch.
Ohne sie hätte ich kein Dach. Ich bin ihr dankbar, und wir
haben dieselbe Art und machen uns keine böse Luft. Wenn
35 ich ihr Gesicht sehe, wenn es schläft, habe ich gute

Gedanken um sie. Und darauf kommt es an, wie man zu einem steht, wenn er schläft und keinen Einfluß auf einen nimmt. Es gibt auch Omnibusse – sehr hoch – wie Aussichtstürme, die rennen. Damit fahre ich auch manchmal. Zu Hause waren auch viele Straßen, aber die waren wie verwandt zusammen. Hier sind noch viel mehr Straßen und so viele, daß sie sich gegenseitig nicht kennen. Es ist eine fabelhafte Stadt.

Ich gehe nachher in eine Jockeybar mit einem Mädchenhändlerartigen, an dem mir sonst nichts liegt. Aber ich komme dadurch in Milieu, das mir Aussichten bietet. Tilli sagt auch, ich sollte. Jetzt bin ich auf der Tauentzien bei Zuntz, was ein Kaffee ist ohne Musik, aber billig – und viel eilige Leute wie rasender Staub, bei denen man merkt, daß Betrieb ist in der Welt. Ich habe den Feh an und wirke. Und gegenüber ist eine Gedächtniskirche, da kann aber niemand rein wegen der Autos drum rum, aber sie hat eine Bedeutung, und Tilli sagt, sie hält den Verkehr auf.

Heute abend werde ich alles der Reihe nach in mein Buch schreiben, denn es hat sich soviel aufgelagert in mir. Also Therese half mir zur Flucht den Abend. Ich hatte sehr viel Zittern in mir und Angst und großartige Erwartung und Freude, weil nun alles neu wurde und voll von Spannung und Sensation. Und sie geht zu meiner Mutter und weiht sie heimlich ein und auch, daß ich meine Mutter und Therese fürstlich erhebe, wenn mir alles gelingt. Und meine Mutter kenn ich als verschwiegen, und sie ist ein Wunder, weil sie als über fünfzig sich selbst doch nicht als von früher her vergessen hat. Aber Kleider dürfen mir nicht geschickt werden, das ist zu gefährlich – und so habe ich nichts und nur ein Hemd, das wasche ich morgens und liege im Bett, bis daß es trocken ist. Und ich brauche Schuhe und sehr viel Sachen. Aber das kommt schon. Ich kann auch Therese nicht schreiben wegen der Polizei, die mich sucht ohne Zweifel – denn ich kenne die Ellmanns, wie zäh die ist und drauf aus, für andere Kriminal zu machen.

Es ist mir ganz egal, wenn sie Stunk hat durch mich, denn sie hat Rosalie gebraten und gegessen, die unsere Katze

war – ein sanftes Tier mit seidenem Schnurren und einem
Fell wie weiße Samtwolken mit Tintenklecksen. Sie hat
nachts auf meinen Füßen gelegen und geschlafen, daß sie
warm waren – ich muß weinen – und hab mir ein Stück
5 Torte bestellt – holländisch Kirsch – jetzt kann ich's nicht
aufessen vor Trauer durch die Gedanken an Rosalie. Aber
ich packe es mir ein. Und sie war auf einmal verschwun-
den, ohne wiederzukommen, was sie durch Gewohnheit an
mich nie tat. Ich stand am Fenster und rief: »Rosalie« – in
10 die Nacht und die Dachrinne. Mir war sehr traurig um das
Tier, weil es warm für mich war und nicht nur so für meine
Füße. Und was so klein ist und weich und ohne Hilfe, daß
man es mit zwei Händen fassen kann, dafür hat man immer
sehr viel Liebe. Und ich geh am Sonntag das Selleriehobel
15 bei Ellmanns holen, was sie bei uns geliehen hat, das
Armloch, was sich zum Verrecken nichts kauft, was sie von
anderen pumpen kann. Wollten sie gerade essen – dem
struppigen Ellmann, der aussieht wie ein Missionar mit
scheinheiligen Augen unrasiert auf einer Insel und frißt
20 arme Neger auf Grund von Bekehrung – dem hingen die
Zähne raus vor Gier und mit gelbem Glanz. Und auf dem
Tisch war eine Schüssel und darauf was Gebratenes – so
mit einer Linie – woran ich Rosalie erkannte. Und auch an
der Scheu in der Ellmanns ihre Stechaugen. Da sage ich es
25 ihr auf den Kopf zu, und sie lügt auf eine Art, daß ich
merke: die Wahrheit weiß ich. Und hau ihr unter Tränen in
meiner Trauer das Selleriehobel in die Fresse, daß ihre
Nase blutete und ihr Auge blau wurde, was aber längst
nicht genug war, denn der Ellmann hatte Arbeit, und sie
30 hatten genug zu essen und nie Hunger und Rosalie nicht
nötig. Meine Mutter hat es oft schlechter gehabt, aber nie
hätten wir Rosalie gebraten, denn es war ein Haustier mit
menschlichem Sinn – das soll man nicht essen. Und das ist
ein Grund mit, daß ich den Feh behalte. Ich bin ganz
35 kaputt von Erinnerung.
Und bin eine Nacht gefahren. Ein Mann hat mir drei
Apfelsinen geschenkt und hatte einen Onkel mit einer
Lederfabrik in Bielefeld. Er sah auch so aus. Und wo mir
Berlin in Aussicht stand – was sollte ich mit einem, der

dritter fährt und sich mit ledernen Onkels auf zweiter hin
aufspielt, was immer albern wirkt. Und hatte klebende
Haare – staubig blond voll Fett. Und Rauchfinger. Und
nach einer Stunde wußte ich alle Mädchen, mit denen er
was gehabt hat. Natürlich ganz wilde Sachen und tolle   5
Weiber, denen das Herz und alles gebrochen ist, als er sie
verließ – und von Kirchtürmen stürzten und währenddem
Gift nahmen und sich den Hals zuwürgten, um nur ja tot zu
sein wegen dem Ledernen. Man kennt das ja, was Männer
erzählen, wenn sie einem beibringen wollen, daß sie nicht   10
so mies sind, wie sie sind. Ich sage da schon gar nichts mehr
ein für allemal und tu, als glaube ich alles. Wenn man
Glück bei Männern haben will, muß man sich für dumm
halten lassen. –
Und ich kam an auf dem Bahnhof Friedrichstraße, wo sich   15
ungeheures Leben tummelte. Und ich erfuhr, daß große
politische Franzosen angekommen sind vor mir, und Berlin
hatte seine Massen aufgeboten. Sie heißen Laval und
Briand – und als Frau, die öfters wartend in Lokalen sitzt,
kennt man ihr Bild aus Zeitschriften. Ich trieb in einem   20
Strom auf der Friedrichstraße, die voll Leben war und bunt
und was Kariertes hat. Es herrschte eine Aufregung! Also,
ich dachte gleich, daß sie eine Ausnahme ist, denn so
furchtbare Aufregung halten auch die Nerven von einer so
enormen Stadt wie Berlin nicht jeden Tag aus. Aber mir   25
wurde benommen, und ich trieb weiter – es war spannende
Luft. Und welche rasten und zogen mich mit – und wir
standen vor einem vornehmen Hotel, das Adlon heißt –
und war alles bedeckt mit Menschen und Schupos, die
drängten. Und dann kamen die Politischen auf den Balkon   30
wie schwarze milde Punkte. Und alles wurde ein Schrei,
und Massen schwemmten mich über die Schupos mit auf
den Bürgersteig und wollten von den großen Politischen
den Frieden heruntergeworfen haben. Und ich habe mitge-
schrien, denn die vielen Stimmen drangen in meinen Leib   35
und durch meinen Mund wieder raus. Und ich weinte
idiotisch aus Erschütterung. Das war mein Ankommen in
Berlin. Und ich gehörte gleich zu den Berlinern so mitten
rein – das machte mir eine Freude. Und die Politischen

senkten staatsmännisch und voll Wohlwollen die Köpfe,
und so wurde ich von ihnen mitbegrüßt.
Und wir haben alle vom Frieden geschrien – ich dachte, das
ist gut und man muß es, denn sonst wird Krieg – und
5 Arthur Grönland gab mir einmal eine Orientierung, daß
der nächste Krieg mit stinkendem Gas wäre, davon man
grün wird und aufquillt. Und das will ich nicht. Und schrie
darum mit zu den Politischen rauf.
Dann entstand eine allmähliche Zerkrümelung, und in mir
10 stiegen mächtige Gedanken auf und ein Drang, Bescheid
zu erfahren über die Politik und was die Staatsmännischen
wollten und alles. Denn Zeitungen sind mir so langweilig,
und ich verstehe sie nicht richtig. Ich brauchte jemand, der
mich aufklärt, und da wehte mir der Abschwall von der
15 Begeisterung einen Mann zu, und über uns war noch wie
eine Käseglocke was von allgemeiner Verbrüderung, und
wir gingen in ein Kaffee. Er war blaß und hatte einen
dunkelblauen Anzug und sah nach Neujahr aus – so, als ob
er sein letztes Geld an Briefträger und Schornsteinfeger
20 verteilt hätte. Das aber war nicht der Fall. Er war bei der
Stadt und verheiratet. Ich trank Kaffee und aß drei Stück
Nußtorte – eins davon mit Sahne, denn ich hatte gehörig
Hunger – und in mir war der Wunsch nach politischer
Aufklärung. Ich fragte den dunkelblauen Verheirateten,
25 warum die Staatsmännischen gekommen sind? Darauf erzählte er mir, seine Frau wäre fünf Jahre älter als er. Ich
fragte ihn, warum man nach Frieden schreit, wo doch
Frieden ist oder wenigstens kein Krieg. Antwortet er mir,
ich hätte Augen wie Brombeeren. Hoffentlich meint er
30 reife. Und ich hatte etwas Angst vor meiner Dummheit
und fragte vorsichtig, warum wohl die französischen Politischen uns eben vom Balkon runter so erschüttert haben
und ob man sich wohl einig ist, wenn solche Begeisterung
hin und her geht, und ob nun bestimmt nie mehr ein Krieg
35 kommt? Da antwortet mir der dunkelblaue Verheiratete,
daß er Norddeutscher ist und darum so furchtbar verschlos-
sen. Und ich habe die Erfahrung gemacht, daß alle, die
anfangen mit dem Satz: wissen Sie, ich bin ein so furchtbar
verschlossener Mensch – es gar nicht sind und garantiert

alles aus sich herausquatschen. Und ich merkte, daß die Käseglocke von allgemeiner Verbrüderung sich hochhob und über uns fortschwebte. Ich machte noch einen Versuch und fragte, ob Franzosen und Juden dasselbe wären und warum sie Rassen sind und von den Nationalen nicht gemocht werden wegen dem Blut – und ob es ein Risiko wäre von mir, davon zu sprechen – und wo unter Umständen die politische Ermordung einsetzt. Erzählt er mir, daß er seiner Mutter vergangene Weihnachten einen Teppich geschenkt hat und furchtbar gutmütig ist, und er hat seiner Frau gesagt, daß es eine Gemeinheit wäre, ihm vorzuwerfen, daß er sich den Regenschirm gekauft hat aus Halbseide, statt den großen Sessel neu beziehen zu lassen, wodurch sie sich schämt, ihre Damen, worunter eine Professor ist, zum Kaffee einzuladen – und daß er seinem Chef glatt vor den Bauch gesagt hat: der wüßte nichts – und ich hätte ein Gefühl in mir, das er brauchte, und er wäre ein einsamer Mensch und müßte immer die Wahrheit sagen. Und ich weiß, daß Leute, die »immer die Wahrheit sagen müssen«, immer lügen. Ich verlor das Interesse an dem dunkelblauen Verheirateten, denn mein Herz war ernst und aufgeregt und hatte keinen Sinn für Liebesgetue ohne Sinn und Verstand mit einem Beamten von der Stadt. Ich sagte ihm: »Einen Augenblick!« – und ging heimlich am andern Ausgang raus. Und war traurig, daß ich keine politische Aufklärung hatte. Immerhin hatte ich drei Stück Nußtorte – eins davon mit Sahne – das ersparte mir ein Mittagessen, was eine politische Aufklärung ja hinwiederum nicht getan hätte.

Ich hatte Unterhandlungen mit einem Verkehrsschupo wegen nach Friedenau raus, wo ich hin mußte zu Margretchen Weißbach, die frühere Freundin von Therese. Ich kam in ein Zimmer, wo Margretchen Weißbach wohnte mit ihrem arbeitslosen Mann. Es war kein Margretchen, sondern eine Margrete mit einem Gesicht, dem das Leben nicht leicht wird. Und sie war im Begriff, ihr erstes Kind zu bekommen. Wir haben uns guten Tag und sofort du gesagt, weil wir, ohne was zu sagen, voneinander wußten: was dir passiert, kann mir auch passieren.

Sie ist über dreißig, trotzdem war die Geburt nicht schwer.

Ich habe die Hebamme geholt, weil das Stück von Mann nur noch aufgeregte Zigaretten zu drei Pfennig rauchen
5 konnte. Ich habe der Hebamme zehn Mark gegeben und ihr Beine gemacht und gesagt, mit den übrigen Kosten soll sie sich an mich halten. Und war somit noch keine drei Stunden in Berlin und hatte schon Schulden bei einer Hebamme, was hoffentlich kein Zeichen ist. Ich habe bei
10 der Margrete gesessen, als die Wehen waren. Das sind Augenblicke, wo man sich schämt, daß man nicht auch Schmerzen hat.

Das Kind ist ein Mädchen. Wir nannten es Doris, weil ich dabei war und sonst keiner – nur die Hebamme noch, aber
15 die hieß Eusebia. Ich habe die Nacht auf einer Matratze geschlafen neben dem Bett von der Margrete, weil sie vielleicht doch jemand brauchte. Neben mir das Kind in einer gezimmerten Kiste, ringsherum gepolstert und mit weichen Decken mit rosa Rosen drauf gestickt. Sonst war
20 das Zimmer sehr ohne Buntheit. Auf der anderen Seite von dem Kind schlief der Mann. Er atmete hohl vor Glück, weil Margrete nichts passiert ist, das merkte man, trotzdem er so hart und brummig tat. Margrete schlief, und er sprach Worte ohne Freude: was das Kind sollte und daß sie
25 sowieso nicht wüßten, wohin und woher, und besser wär's nicht da. Aber ich sah heimlich, wie in der Nacht sein Kopf im Dunkeln stand, und er bückte sich über die Kiste und küßte die gestickten rosa Rosen. Ich wurde ganz weiß vor Angst, denn wenn er gewußt hätte, daß ich das gesehen
30 habe, hätte er mich, glaub ich, totgemacht. Es gibt solche Männer. Und Margrete glaubt, sie kriegt wieder eine Bürostelle, nun wo alles vorbei ist.

Das Kind schrie am Morgen wie ein Wecker, und da wachten wir alle auf. Die Luft war wie ein runder Kloß,
35 und man konnte sie nicht schlucken. Das Kind wiegt acht Pfund und ist gesund. Margrete nährt es, und es geht ihr gut. Der Mann kochte Kaffee und Milch. Ich habe die Betten gemacht. Der Mann war böse und schwarz. Er genierte sich, gute Worte zu Margrete zu sagen, aber wir

fühlten, daß sie in ihm waren. Dann ging er Arbeit suchen, aber ohne Hoffnung.

Margrete sagt, wenn er wiederkommt, dann schimpft er zu ihr und macht ihr Vorwürfe, und das ist, weil er nicht an das glaubt, was sich Gott nennt. Denn so ein Mann braucht hauptsächlich einen lieben Gott, damit er es ihm übelnehmen kann und auf ihn schimpfen, wenn alles schiefgeht. So hat er niemand, auf den er Fluch und Haß werfen kann, und darum richtet er seine Vorwürfe auf seine Frau, aber der macht es was aus – und dem, was Gott heißt, macht es nichts aus – und darum sollte er eine Religion haben, oder er muß politisch werden, dann kann er ja auch wohl Krach machen.

Und ich verabschiedete mich, denn ich konnte doch da nicht bleiben. Margrete gab mir die Adresse von Tilli Scherer, die eine frühere Kollegin vom Büro von ihr ist und auch verheiratet, aber ihr Mann wäre oft nicht da. Da habe ich unterwegs drei Windeln gekauft und lasse mit waschechtem Garn in die Ecken einen grünen Zweig sticken, damit es Glück bringt, und lasse sie zu Weißbachs schicken, denn das Kind heißt ja nun nach mir.

Und bin zu Tilli Scherer. Wir wurden uns einig, und sie nahm mich auf. Sie will auch ein Glanz werden. Und sie will keine Zahlung von mir. Aber ein übern andern Tag leihe ich ihr meinen Feh für vormittags zur Filmbörse. Ich tue es nicht gern – aber nicht aus Geiz, sondern weil dann immer gleich so fremde Luft reinkommt. Ich habe auch schon Film versucht, aber das bietet wenig Aussicht.

Es geht etwas vorwärts. Ich habe fünf Hemden Bembergseide mit Handhohlsaum, eine Handtasche aus Rindleder mit etwas Krokodil dran, einen kleinen grauen Filzhut und ein Paar Schuhe mit Eidechsenkappen. Dafür fängt mein rotes Kleid, das ich von morgens bis abends trage, unter den Armen zu schleißen an. Aber ich habe in einer Bar Verbindungen zu einem Textilunternehmen angesponnen, das allerdings leider etwas daniederliegt.

Im allgemeinen kann ich nicht klagen. Da war ich zuerst auf dem Kurfürstendamm, da stand ich vor einem Schuhge-

schäft, da sah ich so süße Schuhe, da kniff mich eine Idee –
ich tat Sicherheit von ganz großer Dame in mich, wozu mir
der Feh half – und riß mir einen Absatz vom Schuh und
hinkte in das Geschäft. Und legte den Absatz dem schwar-
5 zen Rayon in die Hände.
Sagt er zu mir: »Gnädige Frau.«
Sag ich: »So ein Unglück, wo ich tanzen wollte und hab
nicht mehr Zeit für nach Haus und nicht genug Geld bei
mir.«
10 Ging ich aus dem Laden mit Eidechsenkappen und abends
mit dem schwarzen Rayon in ein Kabarett. Ich sagte ihm,
ich wäre eine neue Künstlerin von Reinhardt, und wir
haben uns beide furchtbar angelogen und uns aus Gefällig-
keit gegenseitig alles geglaubt. Dumm ist er nicht, aber
15 Kavalier. Er hat eine steife Kniescheibe und verliebt sich in
Frauen aus Unsicherheit darüber.
Im Jockey lernte ich den roten Mond kennen – seine Frau
ist verreist, weil die Zeiten schlecht sind und Badeorte im
Oktober weniger kosten als im Juli. Er war nur aus Zufall
20 im Jockey, weil er unmodern ist und die neue Zeit ihn ekelt
wegen der Unmoral und der Politik. Er will die Kaisers
wieder und schreibt Romane und ist bekannt von früher
her. Er hätte auch Geist. Und Grundsätze: Männer dürfen
und Frauen dürfen nicht. Nun frage ich mich nur, wie
25 Männer ihr Dürfen ausüben können ohne Frauen? Idiot.
Er sagte zu mir: Kleine – und blähte seinen Bauch in
Überlegenheit. Wie er fünfzig war, haben alle Zeitungen
sich vor ihm gebeugt. Und er hat einen Leserkreis. Aber er
hat auch studiert und Grundlagen von Kultur. Und er gilt.
30 Im Jockey machte er Studien. An mir auch. Er hat viele
Romane geschrieben auf das deutsche Volk hin, und jetzt
wird Zersetzung geschrieben von kleinen Juden. Da macht
er nicht mit.
Und der rote Mond hat einen Roman: »Die Wiese im
35 Mai«, der hat sich hunderttausendmal aufgelegt, und er
schreibt immer weiter, und es heißt jetzt: »Der blonde
Offizier.« Und er hat mich eingeladen. Er hat eine schöne
Wohnung – lauter Bücher und so was und ein herausfor-
derndes Chaiselongue. Ich trank Kaffee und Likör und aß

viel. Der rote Mond schwitzte und bekam Herzklopfen,
weil wir keinen Kaffee Hag tranken. Ich mochte ihn nicht –
den Kaffee und den roten Mond. Aber es gab Danziger
Goldwasser – da glitzert in einem kleinen Glas ein kleiner
See mit winzigen goldenen Fetzen – die schwimmen darin,   5
man kann sie gar nicht fangen, es ist so ungebildet, es zu
versuchen – und wenn man es versucht, dann sucht man
seine Augen in seine Finger hinein und findet doch nichts –
was soll man sich da also erst ungebildet benehmen. Aber
es ist hübsch, zu wissen, daß man Gold trinkt, das süß   10
schmeckt, wovon man betrunken wird – das ist wie eine
Geige – und ein Tango im Glas. Ich hab dich lieb, braune
Madonna . . ., man müßte sein mit einem, der mir gefällt.
Gefällt, gefällt, gefällt. Und seine Stimme müßte klingen,
wie seine Haare glänzen – und seine Hände müßten für   15
meinen Kopf gerundet sein wie die Art von seinem Mund,
auf mich zu warten. Ob es Männer gibt, die warten
können, bis man will? Da kommt ja immer der Augenblick, wo man will – aber da wollen sie einen Moment zu
früh, das wirft mir dann einen kalten Stein in den Bauch.   20
Ich – mein Feh – der ist bei mir – meine Haut zieht sich
zusammen vor Wollen, daß mich in dem Feh einer schön
findet, den ich auch schön finde. Ich bin in einem Kaffee –
da ist Geigenmusik, die weht weinerliche Wolken in mein
Gehirn – etwas weint in mir – ich habe eine Lust, mein   25
Gesicht in meine Hände zu tauchen, damit es nicht so
traurig ist. Es muß sich soviel Mühe geben, weil ich ein
Glanz werden will. Es strengt sich ungeheuer an – und
überall sitzen Frauen, von denen die Gesichter sich an-
strengen.   30
Aber es ist gut, daß ich unglücklich bin, denn wenn man
glücklich ist, kommt man nicht weiter. Das habe ich
gesehen an Lorchen Grünlich, die heiratete den Buchhalter
von Gebrüder Grobwind und ist glücklich mit ihm und
schäbigem Pfeffer-und-Salz-Mantel und Zweizimmerwoh-   35
nung und Blumentöpfen mit Ablegern und sonntags Napf-
kuchen und gestempeltem Papier, das ihr den Buchhaltri-
gen gestattet, um nachts mit ihm zu schlafen, und einen
Ring.

Und es gibt Hermeline und Frauen mit Pariser Gedufte und Autos und Geschäfte mit Nachthemden von über hundert Mark und Theater mit Samt, da sitzen sie drin – und alles neigt sich, und sie atmen Kronen aus sich heraus.
5 Verkäufer fallen hin vor Aufregung, wenn sie kommen und doch nichts kaufen. Und sie lächeln Fremdworte richtig, wenn sie welche falsch aussprechen. Und sie wogen so in einer Art mit Georgettebusen und tiefen Ausschnitten, daß sie nichts wissen brauchen. Die Servietten von Kellnern
10 hängen bis auf die Erde, wenn sie aus einem Lokal gehn. Und sie können teure Rumpsteaks und à la Meyers mit Stangenspargel halb stehenlassen ohne eine Ahnung und heimliches Bedauern und den Wunsch, es einzupacken und mitzunehmen. Und sie geben einer Klosettfrau dreißig
15 Pfennig, ohne ihr Gesicht anzusehn und nachzudenken, ob man durch ihre Art Lust hat, mehr zu geben als nötig. Und sie sind ihre eigne Umgebung und knipsen sich an wie elektrische Birnen, niemand kann ran an sie durch die Strahlen. Wenn sie mit einem Mann schlafen, atmen sie
20 vornehm mit echten Orchideen auf den Kopfkissen, was übermäßige Blumen sind. Und werden angebetet von ausländischen Gesandten, und lassen sich manikürte Füße küssen mit Schwanenpelzpantoffeln und sind nur halb bei der Sache, was ihnen niemand übelnimmt. Und viele
25 Chauffeure mit Kupferknöpfen bringen Autos in Garagen – es ist eine elegante Welt – und dann fährt man in einem Bett in einem D-Zug nach einer Riviera zur Erholung und spricht französisch und hat Schweinekoffer mit Plakaten drauf, vor denen ein Adlon sich beugt – und Zimmer mit
30 Bad, was man eine Flucht nennt.
Ach, ich will so sehr, so sehr – – – nur wenn man unglücklich ist, kommt man weiter, darum bin ich froh, daß ich unglücklich bin.
Liebe Mutter, meine Gedanken schreiben Grüße an dich,
35 und grüße Therese. Ich fühle Entbehrung nach euch, aber Tilli ist gut. Aber sie ist neu, und das Neue kann nicht das Alte ersetzen für mich – und das Alte nicht das Neue. In mir ist ein Loch und ein Fehlen von euch, und in meinem Hals lagern Worte auf Worte, die ich euch nicht sprechen

kann – das macht mir so furchtbare Liebe zu euch, als wenn
man mich durch eine Fleischmaschine dreht. Ich hatte
bekannte Straßen bei euch mit Steinen, die guten Tag
sagten zu meinen Füßen, wenn sie drauf traten. Und es war
die Laterne mit einem Sprung in der Scheibe und Gekratze 5
am Pfahl: Auguste ist doof. Das habe ich gekritzt vor acht
Jahren von der Schule nach Haus und steht immer noch da.
Und wenn ich an die Laterne denke, dann denk ich an
euch. Ich hab einen veränderten Namen und immer
Unruhe und darf euch nicht Briefe schicken wegen der 10
Kriminal – bis das Gras wächst. Aber ich werfe Gedanken
und Liebe nach euch.
Ich war beim roten Mond. Und beim Danziger Goldwasser, an das ein Zeigen der Wohnung angeschlossen wurde,
was naturgemäß immer im Schlafzimmer endet. Es standen 15
verheiratete Betten, und auf einem war Zeitungspapier in
Mengen gebreitet, wegen der Motten und ohne Stimmung.
Und der rote Mond beleuchtete eine hängende Lampe –
ich sah auf dem Nachttisch fünf Hemden aus Bembergseide
– die waren vergessen von der Badeortfrau, und der rote 20
Mond sollte sie nachschicken. Ich sage gleich, das ist eine
stilistische Stickerei, ich werde ein Hemd mitnehmen und
mir welche arbeiten lassen danach. Sagt der rote Mond: gut
– und braust wie Sturmwind an mich ran. In solchen Fällen
ist die beste Methode, um sich zu retten, Männer auf ihren 25
Beruf hinzulenken, weil der genauso wichtig ist wie die
Erotik. Also halte ich ihn im Aufmichzubrausen auf und
frage: wie ist das mit der aufgelegten Wiese – und lasse
Interesse aus meinem Blick schmelzen. Schnappt er auch
sofort ein und fragt, ob er vorlesen soll. Ich jauchze ein Ja 30
wie Kinder, die man fragt, ob sie in den Zoologischen
Garten wollen, und hocke mich auf die Bettkante auf
Zeitungspapier. Auf dem andern Bett hockt sich der rote
Mond mit der Wiese im Mai und liest vor – und hört nicht
mehr auf. 35
Erst wollte ich zuhören – immer waren Rebenhügel,
wodurch ein Mädchen den Berg runtertanzte, und es lösten
sich Flechten – und von neuem Rebenhügel und immer
mehr Rebenhügel – es wurde mir langweilig – das geflocht-

tene Mädchen fütterte Hühner, ohne es nötig zu haben, denn sie lebte in gesicherten Verhältnissen – und der rote Mond machte: putt-putt-putt in hohem Ton. Und hörte nicht auf und wieder Rebenhügel. Denk ich, das ist zuviel
5 verlangt, stundenlang Rebenhügel hören für umsonst – und nehm heimlich noch ein Hemd und stopf es mir vorne ins Kleid. Und alle drei Seiten sagt er mir, daß Feinheiten kämen – und alle fünf Seiten nehm ich ein neues Hemd vom Nachttisch, bis keins mehr da war. Und steh auf und
10 sag: es war die Stunde einer Kirche, und ich bedarf einer Einsamkeit wegen Nachdenken über die Rebenhügel. Und haute ab. Mit einem Busen wie eine hochprozentige Spreeamme.

Und so hütete ich widerwärtige Kinder einer hochherr-
15 schaftlichen Onyxfamilie und war ein Inkognito von Tochter von früherem General – es wurde arrangiert durch Tillis Schwester – die hat die Onyxkinder früher bewacht. Sie wohnen am Knie, und die Kinder sind von gewußter Frechheit wie Erwachsene. Der Mann hat Onyx und
20 Aktien und weiße Haare, die stehen hoch und finden sich schön. Und er ist groß und markantisch. Die Frau ist jung und faul und weiß von nichts.
Wenn eine junge Frau mit Geld einen alten Mann heiratet wegen Geld und nichts sonst und schläft mit ihm stunden-
25 lang und guckt fromm, dann ist sie eine deutsche Mutter von Kindern und eine anständige Frau. Wenn eine junge Frau ohne Geld mit einem schläft ohne Geld, weil er glatte Haut hat und ihr gefällt, dann ist sie eine Hure und ein Schwein.
30 Liebe Mutter, du hast ein schönes Gesicht gehabt, du hast Augen, die gucken, wie sie Lust haben, du bist arm gewesen, wie ich arm bin, du hast mit Männern geschlafen, weil du sie mochtest oder weil du Geld brauchtest – das tue ich auch. Wenn man mich schimpft, schimpft man dich . . .
35 ich hasse alle, ich hasse alle – schlag doch die Welt tot, Mutter, schlag doch die Welt tot.
Da war der weiße Onyx und sagte »gnädiges Fräulein«. Und machte mir Augen, und ich war bereit. Da war die

54

edle Frau ins Theater, und ich saß mit ihm, und er bot mir
eine Wohnung und Geld – mir kam die Gelegenheit zu
einem Glanz, und es ist leicht mit Alten, wenn man jung ist
– sie tun, als könnte man was dafür, und als hätte man es
geleistet. Und ich wollte, ich wollte. Er hatte eine Kegelku-   5
gelstimme, die mich kalt macht, aber ich wollte – er hatte
so verschleimtes Gelüge in den Augen, aber ich wollte – ich
dachte, die Zähne zusammenbeißen und an machtvolle
Hermeline denken, dann geht es. Und sagte: ja.
Da kam der Schöne. Er klingelte und kam und war ein   10
Besuch und früherer Freund von dem Onyx und nicht mehr
jung – aber so schön, so schön. Und wir sahen uns an. Und
zu drei tranken wir Wein. Und ich wußte auf einmal, ich
bin ja so reich, weil ich Dummheiten machen kann. Ja, ja,
ja, ich war so dumm. Ich hab dem Onyx verächtliche   15
Mundwinkel gezogen – in meinem Herzen waren Brillanten, weil ich so reich war, daß ich tat, was mir gefiel.
Ich ging mit dem Schönen. Groß war er und schlank. Und
ein dunkles Gesicht wie ein starkes Märchen. Träume
küßten mich durcheinander. Ein Zimmer war kalt und   20
dunkel, und der Schöne leuchtete. Ich habe ihn dankbar
geküßt, weil ich mich nicht schämen brauchte, ihn nackt zu
sehen. Ich habe Dank in meine Hände getan, weil ich keine
Stimmung ins Kopfkissen lügen brauchte, wie er sich
auszog – meine Haut war warm vor Dank, weil ich bei   25
hellem Licht mit offenen Augen keine Häßlichkeiten an
ihm vergessen mußte – oh, ich war ein dankbares lachendes
Weinen, weil er mir so gefiel.
Das ist so furchtbar viel, wenn einem einer gefällt – Liebe
ist noch so ungeheuer viel mehr, daß es sie wohl gar nicht,   30
vielleicht kaum gibt.
Aber, du Schöner, warum hast du eine schlaue Dummheit
gehabt? Und dem Onyx gesagt: die Kleine war bei mir
gestern nacht? Sagt mir der Onyx: »Sie sind eine Dirne,
machen Sie sich fort von meinen reinen Kindern.« Und die   35
edle Frau seufzte süß: »Hach, daß es so was gibt.« Sag ich
nur: »Schließlich haben Sie Ihre reinen Kinder auch nicht
vom Heiligen Geist, sondern von einem alten Onyx nach
naturmäßigem Vorgang.«

Und ich ging allein und hatte in meinem Herzen die
Brillanten von geküßter Dummheit, die ich nicht essen
konnte. Und hatte mir von meinem letzten Geld ein
braunes Honigkleid gekauft mit gleitenden Falten, so sanft
5 und ernst, wie Frauen vergessen zu lachen, wenn sie einer
küßt, den sie mögen.
Wenn Tillis Mann kommt, werde ich fortmüssen, wovor ich
kalte Angst habe. Weniger wegen der Wohnungsnot, als
weil ich dann niemand habe. Und Berlin ist sehr großartig,
10 aber es bietet einem keine Heimatlichkeit, weil es ver-
schlossen ist. Und das kommt auch, weil es unter den
Menschen hier ganz kolossale Sorgen gibt, und daraufhin
haben sie alle mit weniger Sorgen kein Mitleid, aber mir
sind sie schwer genug. –
15 Ich habe zu Rannowsky gesagt: »Es ist eine Gemeinheit,
kommen Sie mir nicht, was sind Sie für einer?« Denn er ist
ein Wort, das ich mich schäme, auf Papier zu geben, und
wohnt über uns – nämlich Zuhälter. Und es ist an sich ein
Haus, wo man alle Geheimnisse von allen weiß, die man
20 besser nicht wüßte. Er war Arbeiter und sollte gerade
Meister werden in der Fabrik, daraufhin arbeitslos und aus
Wut Treibriemen zerschnitten. Und daraufhin Gefängnis,
aber ganz richtiggehend. Und er hat vier Mädchen, die für
ihn – also so das unterste, was es gibt. Darum braucht er sie
25 doch aber noch lange nicht zu schlagen, daß Tilli und ich
nachts denken, die Decke kracht, und die ganze Gesellschaft fällt auf uns. Und er hat Haare, die steil hochstehen,
und solche sind nach meiner Erfahrung immer brutal. Und
ist erst dreißig. Und sitzt gestern abend besoffen auf der
30 Treppe, ich wollt zitternd vorbei. Hält er meinen Fuß fest:
Mutter Gottes, nu macht er mich tot! – »Lassen Sie mich
los, Herr Rannowsky, ich ersuche Sie.« Heult er und sagt:
»Ich bin verloren, aber ich habe keinen – nur meine
Goldfische.« Sag ich: »Sie sollten sich was schämen, warum
35 schlagen Sie die untersten Mädchen, die Ihnen Geld
geben?«
»Das ist die Kraft«, sagt er, »und ich hasse sie, daß sie mir
Geld geben, sie sind solche Schweine.«
Sag ich: »Sie müssen arbeiten.«

Aber natürlich war das Quatsch. Spuckt er mir auf meinen
linken Wildlederpumps und sagt, Weiber ekelten ihn. Aber
er hat vier Goldfische, der Großartigste heißt Lolo, die
haben Augen, mit denen erwarten sie Futter von ihm und
sind überhaupt gut und anständig. Aber ich sage mir, die   5
können ja gar nicht anders.

Ich habe eine Angst, ich könnte wie dem Rannowsky seine
Weiber werden. Berlin verursacht mir Müdigkeit. Wir
haben gar kein Geld, Tilli und ich. Wir liegen im Bett
wegen Hunger. Und ich habe Verpflichtungen an Therese.   10
Arbeiten kann ich nur mit Schwierigkeiten, weil ich ja
keine Papiere habe, und darf auf keiner Polizei gemeldet
werden, denn ich bin doch auf der Flucht. Und man wird
schlecht behandelt und ganz billig, wenn man sich anmerken läßt, daß es einem schlechtgeht. Ein Glanz will ich   15
werden. Heute gehen wir ins »Resi« – ich bin eingeladen
von Franz, der arbeitet in einer Garage.
Das ist die Liebe der Matrosen . . ., und rrrrr macht das
Telefon, das ist an allen Tischen. Mit ganz echten Nummern zum Drehen. Berlin ist so schön, ich möchte ein   20
Berliner sein und zugehören. Das ist gar kein Lokal, das
»Resi«, das hinten in der Blumenstraße ist – das ist lauter
Farbe und gedrehtes Licht, das ist ein betrunkener Bauch,
der beleuchtet wird, es ist eine ganz enorme Kunst. So was
gibt es nur in Berlin. Man denke sich alles rot und   25
schillernd noch und noch und immer mehr und wahnsinnig
raffiniert. Und Weintrauben leuchten, und auf Stangen
sind große Terrinen, aber der Deckel wird von einem
Zwischenraum getrennt – und es glitzert, und wasserartige
Fontänen geben so ganz feinsinnige Strahlen. Aber das   30
Publikum ist keine höchste Klasse. Es gibt Rohrpost – da
schreibt man Briefe und tut sie in Röhren und in ein
Wandloch, da kommt ein Zugwind und weht sie zum
Bestimmungsort. Ich war von der ungeheuren Aufma-
chung wie berauscht.   35
Der Garagen-Franz bestellte mir einen italienischen Salat
und Wein. Und wenn er mal raus mußte, klingelte mein Ap-
parat, ich werde so furchtbar gern angerufen – wenn ich ein

Glanz bin, habe ich ein vollständig eignes Telefon, das klingelt, und ich mache: Hallo – so mit gepreßtem Doppelkinn und wahnsinnig gleichgültig wie ein Generaldirektor.

Das ist die Liebe der Matrosen . . ., und die Decke, die man
5 auf die großzügigste Weise dekoriert hat, drehte sich nach rechts, und der Boden, worauf man tanzt, nach links – jawohl, Herr Kapitän, jawohl, Herr Kapitän . . ., da wirste betrunken, ohne zu trinken.

Franz hatte schlappe Haare und gebeugten Rücken wegen
10 seiner Mutter, die er erhält, und drei kleinen Brüdern. Er geht sehr selten mal aus, und wenn er es tut, muß er trinken, weil er sonst nicht den Mut hat, richtig froh zu sein, und um zu vergessen, daß er Geld ausgibt für sich. Denn er hängt an seiner Familie. Und das merkte ich nach
15 und nach, mir schmeckte der Wein nicht. Ich hätte sein mögen mit einem, der nachts Geld ausgeben kann, das ihm morgens nicht fehlt.

Das »Resi« war so bunt, wir waren ganz schwer und dunkel, da machte uns das »Resi« auch bunt. Ich habe
20 Karussell gefahren auf der Vogelwiese und mit der Rohrpost eine Flasche Kognak bekommen, die haben wir Karl seiner Mutter mitgebracht – und begleitet von einem Schreiben mit Lebensart. Ich treffe ihn morgen am Wittenbergplatz. Er ist klein und wibbelig und hat Augen wie
25 angebrannter Plüsch.

Nachher bin ich mit Franz, weil ich nicht wollte, daß er so viel umsonst ausgegeben hat. Erst hat er gedrängt, und nachher war er enttäuscht, weil er ein Mädel wollte, das sich nicht so schnell herbeiläßt. Ich hatte es ja nur gut
30 gemeint.

Ich friere und geh jetzt schlafen. Aber das »Resi« war so schön – das ist die Liebe der Matrosen – jawohl, Herr Kapitän, jawohl, Herr Kapi. . . – gute Nacht, ihr herrlichen bunten Farben.
35 Mein Leben ist Berlin, und ich bin Berlin. Und das ist doch eine mittlere Stadt, wo ich her bin, und ein Rheinland mit Industrie.

Und mein Vater war eigentlich nicht mein Vater, ich bin nur mit zugeheiratet worden von ihm. Meine Mutter hatte

58

ein Leben, aber war trotzdem solide, denn sie ist nicht dumm. Und wollte mich erst nicht und hat geklagt wegen Alimente, was alle in Frage kommenden Väter mir persönlich übelnahmen. Und Prozeß glatt verloren. Dabei muß es doch einer gewesen sein. Und sie haben mich nie gehauen, aber das war auch alles an Gütigkeit. Und dann in die Schule. Ich hatte von meiner Mutter ein besseres Kleid aus einer Gardine wegen der Leute nebenan, damit die sich ärgern, und nicht, daß ich mich freue. Und dann nur Qual wegen dem Kleid und Angst, daß was dran kam, und die Jungens aus meiner Klasse sagten mir Affe. Und die Mädchen von der höheren Schule, die uns gegenüberlag, sagten: nu guck mal die mit dem komischen Kleid! und machten ein Hohnlachen. Das Kleid stand steif um mich und war dunkelgrün mit gewebten Mustern von Tieren mit langen Zungen – und alle haben mich ausgelacht. Jetzt der Feh und ich in Berlin! Und ich habe sie mit Steinen geworfen damals und habe mir einen Schwur gemacht – nämlich, daß ich nicht eine sein will, die man auslacht, sondern die selber auslacht.

Ich kam dann in die Lehre. Und geh jetzt durch Lichter. Und war einmal krank. Eltern haben ja eine Liebe zu den Kindern, wenn man krank ist und sterben kann so mit Fieber, dann opfern sie sich, und wenn man gesund ist, vergessen sie ihre Angst. Ich hatte keine Stelle wegen meiner Schwäche, und da wurde ich gleich wieder eine Last. Und das war bei allen so.

Alle sollten nach Berlin. So schön. Aus einem offenen Schaufenster kriegt man Reibkuchen. Und sind doch die Ruhrbeins meine Verwandten, die immer Reibkuchen aßen – und war der Paul, der mein Vetter ist, arbeitslos und trug Anzüge auf von seinem jüngeren Bruder, der verdiente, und er fand nichts und saß da. Und stützt auf den Tisch in der Küche seine Arme, da sagt meine Tante: »Ich bitte dich, Paul, nicht die Arme zu stützen, um den Anzug zu schonen, denn du hast ihn ja nicht verdient.«

Sie haben ihn wohl immer getröstet, wenn er mal verzweifelte und weinte, und haben ihm immer sehr übelgenommen, wenn er mal eine gute Laune hat.

Ich gehe und gehe durch Friedrichstraßen und gehe und
sehe und glänzende Autos und Menschen, und mein Herz
blüht schwer.

Und wir saßen da mal zu vielen bei Ruhrbeins – und ich
5 sehe jetzt eben in einen Kranz, das gibt Freude – und saßen
bei Ruhrbeins, und Paul ist ganz fröhlich durch unsere
Stimmung, und da sagt er: »Holen wir doch eine Flasche
Wein, Mutter!«

Da sieht sie ihn an und macht eine zischende Stimme ganz
10 voll Böse: »Wenn du's selber wieder mal verdienst, kannst
du ja auch deinen Freunden Wein spendieren.«

Da wurden wir alle rot, es wurde eine Stille im Zimmer.
Und Paul ist fortgegangen und hat sich das Leben genommen im Wasser an demselben Abend. Und die Ruhrbeins
15 weinten ganz furchtbar und waren ein Leid und sagten: »Er
war doch der beste von unseren Kindern, und wie konnte
er uns es antun, wo wir immer gut zu ihm waren.«

So ist es immer mit uns Kindern von ärmeren Leuten. Ich
liebe ja meine Mutter mit einer Sehnsucht und bin doch so
20 froh, daß ich fort bin in Berlin, und es ist eine Freiheit, ich
werde ein Glanz.

Ich gehe abends und morgens – es ist eine volle Stadt mit so
viel Blumen und Läden und Licht und Lokalen, mit Türen
und filzigem Gehänge dahinter – ich male es mir aus, was
25 drinnen ist, und geh manchmal rein und gucke und tu, als
wenn ich jemand suche, der gar nicht da ist – und wieder
raus. Und wo es am interessantesten ist, da bleibe ich dann
manchmal. Ich habe auch schon mal in Berlin Spargelsalat
gegessen.

30 Und hat mich doch gestern einer nach Hause gebracht im
Auto. Weil er nicht rasiert war, habe ich heute ein ganz
zerstacheltes Gesicht und bin rot wie eine Tomate und
sonnenbrandartig. Da kann man doch also mit Männern
nicht vorsichtig genug sein. Aber es ist mir ein Frühling,
35 Berlin ist mir ein Ostern, das auf Weihnachten fällt, wo
alles voll schillerndem Betrieb ist. Ich sehe die Männer und
denke: das sind so viele, und es wird doch für mich einer
sein, der atmet das ganze Berlin aus sich heraus und auf

mich ein. Und er hat schwarze Haare und ein Cachenez aus
weißer vornehmer Seide.
Ich liebe Berlin mit einer Angst in den Knien und weiß
nicht, was morgen essen, aber es ist mir egal – ich sitze bei
Josty am Potsdamer Platz, und es sind Säulen von Marmor 5
und eine Weite. Alle Leute lesen Zeitungen und auch
ausländische und bedeutend gedruckt, und sie haben so
eine Ruhe, indem sie sitzen, als wenn ihnen alles gehört,
denn sie können bezahlen. Ich ja auch heute.
Ich bin immer gegangen am Leipziger Platz und Potsda- 10
mer. Aus Kinos kommt eine Musik, das sind Platten, auf
denen vererbt sich die Stimme von Menschen. Und alles
singt.
Und es wohnt doch im Haus von uns unten Herr Brenner,
der kann nichts mehr sehen und keine Geschäfte und 15
karierten Lichter und moderne Reklame und nichts. Denn
er hat die Augen verloren im Krieg. Und seine Frau ist sehr
alt und böse. Alles soll ihr gehören, weil sie alles verdient
und plättet den ganzen Tag für Leute und näht Wäsche –
wer trägt denn nur so was ohne Schick? Und sie verdient 20
sich ihren Mann, und der kriegt gar nichts und nicht
Unterstützung, denn er ist ein Elsässer und hat aber als
Deutscher gekämpft. Und ist vierzig und sitzt sehr trübe
immer in der Küche mit dem Blick auf die Mauer, aber die
sieht er ja nicht. Und so einen schönen Mund. Ich besuche 25
ihn manchmal, wenn die Brenner mal fort ist, weil die mich
nicht will. Die gönnt nicht den Fußsohlen von fremden
Menschen, daß sich der Dreck von ihrem Fußboden dran
festklebt. Und will keinen in ihrer Wohnung, was ihr Mann
ist und die Küche. 30
Ich kann doch sehr verstehen, daß Männer untreu sind,
denn wenn Frauen was ganz gehört, sind sie manchmal gut
auf eine Art, die glatt gemein ist. Und so eine läßt einem
doch keine Luft. Der Brenner ist wohl ein sehr feiner Mann
und hat so viele Gedanken, die sagt er mir dann. Und alle 35
seine Gedanken sind in der Küche, und wenn die Frau drin
ist, macht sie die Küche voll mit ihrer Stimme und weint
um ihn und daß sie so arbeiten muß. Dann haben seine
Gedanken gar keinen Platz mehr in der Küche.

Und dann sagt er: »Wenn sie weint, dann denke ich, sie hat lange gelbe Zähne«, und fragt mich: »Hat sie lange gelbe Zähne?«

Ich sage: »Nein, sie hat kleine weiße Zähne« – aber das ist nicht wahr. Aber es ist doch scheußlich, immer so eine Idee von so langen gelben Zähnen zu haben.

Ich sammle Sehen für ihn. Ich gucke mir alle Straßen an und Lokale und Leute und Laternen. Und dann merke ich mir mein Sehen und bringe es ihm mit.

Gerade nähert sich mir eine Beamtennatur und hat ein Taschentuch mit grünem Rand und Kneifer.

Fragt mich der Brenner mit so blassen Händen: »Wie sehen Sie eigentlich aus?«

Und sitze ich vor ihm auf dem Küchentisch und habe trotz Abwischen mit dem Stinklappen jetzt sicher wieder einen Fettfleck auf dem Popo. Ist aber ein altes Kleid. Ich habe meine Füße auf seine Knie gestellt, indem er vor mir sitzt, und er streicht mir über meine seidenen Schienbeine. Er hat doch sonst wenig Freude.

Es summt eine gelbe Luft. Und da fragt er mich: wie siehst du aus? Das war mir ganz komisch, ich wollte mich selber sehen von außen und nicht, wie ein Mann sonst mich beschreibt zu mir, was ja doch immer nur halb stimmt.

Und denke mir: Doris ist jetzt ein enormer Mann mit einer Klugheit und sieht auf Doris und sagt so wie ein medizinischer Arzt: »Also, liebes Kind, Sie haben eine sehr schöne Figur, aber ein bißchen spillrig, das ist gerade modern, und haben Augen von einem braunen Schwarz so wie die ganz alten Seidenpompons an meiner Mutter ihr Pompadour. Und bin wohl auf blutarme Art blaß am Tage und an meiner Stirn blaue Adern und abends rote Backen und auch sonst, wenn ich aufgeregt bin. Und mein Haar ist schwarz wie ein Büffel, also nicht ganz. Aber doch. Und kraus durch Dauerwellen, aber die lassen schon wieder etwas nach. Und mein Mund ist von Natur ganz blaß und wenig. Und geschminkt sinnlich. Ich habe aber sehr lange Wimpern. Und eine ganz glatte Haut ohne Sommersprossen und Falten und Staub. Und das übrige ist wohl sehr schön.«

Aber da hatte ich eine Scham, von meinem ganz erstklassigen und weißen Bauch zu sprechen, und ich glaube auch, nackt und allein vorm Spiegel findet sich jedes Mädchen schön. Und ist man mal nackt mit einem Mann, dann ist der eben schon so verrückt, daß er ohnehin alles schön findet, und somit hat man für seinen Körper gar keine richtige Beurteilung.

»Man hört dich gar nicht, wenn du gehst«, sagt der Brenner – »wie gehst du denn, bewegst du die Hüften?«

Und ich sage: »Nein, ich kann es nicht leiden, wenn die Mädchen ihren Hintern winden wie ein Korkzieher beim Gehen, aber manchmal schwingen mir meine Füße, und in meinen Knien ist ein wunderbar aufregendes Gefühl.«

Und ich konnte da wieder nicht weitersprechen, ich finde Schenkel so ein furchtbar unanständiges Wort. Aber wie kann man das über den Knien denn sonst nennen?

Und in der Ecke kriecht langsam eine Kakerlake, und es war so grau und ohne Vornehmheit alles, ich habe mich sehr geekelt. Er hat sich nicht getraut, mich zu küssen. Das gab mir Liebe und Mut. Und ich dachte früher immer mal, man kann nur einem helfen mit Geld. Und helfen kann man ja gar keinem, aber wohl eine Freude machen – und das geht aber keinen was an – und mein Taubenbuch nicht und mich nicht und keinen.

Der Brenner hat mir eine Kette aufgezogen aus Holzperlen. Es sind rote und herrliche und grüne Farben und zusammengestellt mit einem Sinn. Und er ist doch blind. Ich bin ja kein Idiot und habe meinen Ehrgeiz, aber ich habe geweint vor Freude, weil es nämlich selten vorkommt, daß einem einer hinterher noch was schenkt.

Tilli sagt: Männer sind nichts als sinnlich und wollen nur das. Aber ich sage: Tilli, Frauen sind auch manchmal sinnlich und wollen auch manchmal nur das. Und das kommt dann auf eins raus. Denn ich will manchmal einen, daß ich am Morgen ganz zerkracht und zerküßt und tot aufwache und keine Kraft mehr habe zu Gedanken und nur auf wunderbare Art müde bin und ausgeruht in einem.

Und sonst geht er einen ja nichts an. Und es ist auch keine Schweinerei, weil man ja gleiche Gefühle hatte, und jeder will dasselbe vom andern.

Und da lebe ich in Berlin für mich erstens und dann für den
5 Brenner. Und sitze in der Küche, und es ist hinter dem Vorhang das Bett. Ich würde den Vorhang, der gelb ist und so voll armen Flecken, vor den Herd hängen und nicht vor das Bett.
Und er immer mit so schmalem Mund und so geschnittenen
10 Zügen und Haare wie ein hingefallenes Kind, das so streifig in die Stirn hängt, und mit Jägerjoppe. Und ich vor ihm auf dem Tisch und liebe manchmal seine Hände um meine Füße.
Wann hatte denn wohl jemals bei mir ein Mann Hände, die
15 genau gewußt haben, wenn es mir nicht paßte, daß sie sich bewegten? Und da gibt es doch nun wirklich zwei Arten von Männern: nämlich welche mit tausend Händen, wo man nicht weiß um Gottes willen, welche denn nun zuerst festhalten! Und welche mit nur zwei Händen, mit denen
20 man fertig wird einfach durch ein Nichtwollen ohne Festhalten.
Und er faßt meine Füße mit Fingern wie Weihnachtskerzen aus Wachs – wir haben zu Hause unsere Kerzen vom Baum immer drei Jahre lang, indem wir sie immer nur anzünden
25 zum »Stille Nacht, heilige Nacht«-Singen.
Und es ist eine Stille und so feuchtes Gedampfe und am Fenster die graue Mauer, das fällt alles auf uns. Ich sitze und pudre mich wegen seiner Hände. Und male mir den Mund. Aber er sieht es ja nicht, wenn ich hübsch aussehe.
30 Ich bringe ihm Berlin, das in meinem Schoß liegt.

Fragt er mich: »Liebe Volksliederstimme, wo warst du heute?«
»Ich war – auf dem Kurfürstendamm.«
»Was hast du gesehen?«
35 Und da muß ich doch viele Farben gesehen haben:
»Ich habe gesehen – Männer an Ecken, die verkaufen ein Parfüm, und keinen Mantel und kesses Gesicht und graue

Mütze – und Plakate mit nackten rosa Mädchen – keiner
guckt hin – ein Lokal mit so viel Metall und wie eine
Operation, da gibt es auch Austern – und berühmte
Photographen mit Bildern in Kästen von enormen Leuten
ohne Schönheit. Manchmal auch mit.«   5
Es kriecht eine Kakerlake – ist es immer dieselbe? – und
ein Mief in der Stube – werden wir eine Zigarette –
»Was hast du gesehen?«
»Ich habe gesehen – ein Mann mit einem Plakat um den
Hals: ›Ich nehme jede Arbeit‹ – und ›jede‹ dreimal rot   10
unterstrichen – und ein böser Mund, der zog sich nach
unten mehr und mehr – es gab eine Frau ihm zehn Pfennig,
die waren gelb, und er rollte sie auf das Pflaster, das Schein
hat durch Reklame von Kinos und Lokalen. Und das
Plakat war weiß mit Schwarz drauf. Und viele Zeitungen   15
und sehr bunt und das Tempo rosa-lila und Nachtausgabe
mit rotem Strich und ein gelber Querschnitt – und sehe das
Kempinsky mit edlem Holz und Taxis davon mit weißen
Karos und Chauffeure mit eingeknicktem Kopf, weil sie ja
immer warten. Und von innen Spiegel und was von Klub.   20
Und Menschen eilen. Und Vorgärten von Kaffees, die sind
ein Winter und drinnen Musik. Und auch mal Bars und ein
großes Licht hoch über der Erde von Kupferberg Sekt –
und einer mit Streichhölzern und auf der Erde mit schwarzen Beinen – quer übers Pflaster und Schachteln von   25
Streichhölzern, die sind blau mit Weiß und kleiner roter
Rand –«
»Was siehst du noch, was siehst du noch?«
»Ich sehe – gequirlte Lichter, das sind Birnen dicht
nebeneinander – Frauen haben kleine Schleier und Haar   30
absichtlich ins Gesicht geweht. Das ist die moderne Frisur –
nämlich: Windstoß – und haben Mundwinkel wie Schauspielerinnen vor großen Rollen und schwarze Pelze und
drunter Gewalle – und Schimmer in den Augen – und sind
ein schwarzes Theater oder ein blondes Kino. Kinos sind ja   35
doch hauptsächlich blond – ich rase da mit und in meinem
Feh, der ist grau und weich – und ganz rasende Füße,
meine Haut wird rosa, die Luft ist kalt und heiße Lichter –
ich sehe, ich sehe – meine Augen erwarten ein Ungeheures

– ich habe Hunger auf was Herrliches und auch auf ein Rumpsteak, so braun mit weißem Meerrettich und so Stäbchenkartoffeln, das sind in die Länge gezogene Bratkartoffeln – und manchmal liebe ich ein Essen so, daß ich es in die Hand nehmen möchte und reinbeißen und nicht immer essen mit Messer und Gabel –«

»Was siehst du noch, was siehst du noch?«

»Ich sehe – mich in Spiegeln von Fenstern, und dann finde ich mich hübsch, und dann gucke in die Männer an, und die gucken auch – und schwarze Mäntel und dunkelblau und im Gesicht viel Verachtung – das ist so bedeutend – und sehe – da ist die Gedächtniskirche und mit Türmen so grau wie Austernschalen – ich kann Austern essen hochfein – der Himmel hat ein rosa Gold im Nebel – es treibt mich drauf zu – man kann nicht ran wegen der Autos – ein roter Teppich liegt im Betrieb, weil am Nachmittag eine blödsinnige Hochzeit war – der Gloriapalast schillert – ein Schloß, ein Schloß – es ist aber Kino und Kaffee und Berlin W – um die Kirche sind schwarze eiserne Ketten — und drüben das Romanische Café mit den längeren Haaren von Männern! Und da verkehrte ich einmal Abend für Abend mit einer geistigen Elite, was eine Auswahl ist, was jede gebildete Individualität aus Kreuzworträtseln weiß. Und wir bildeten alle einen Kreis. Und das Romanische Café ist eigentlich nicht anzuerkennen. Und jeder sagt: Gott, dieses Lokal, wo diese herabgekommenen Literaten sitzen, man sollte da nicht mehr hingehn. Und gehn dann doch hin. Ich bildete mich ungeheuer, und es war, als wenn ich eine fremde Sprache lerne.

Und viel Geld haben sie alle nicht, aber sie leben, und Teile der Elite spielen anstatt von Geld haben Schach, was ein kariertes Brett ist mit schwarzen und blonden Feldern. Könige sind auch dabei. Und Damen. Und es dauert lange, das ist der Witz bei der Sache, aber nicht bei den Kellnern, weil eine Tasse Kaffee nur fünf Pfennig Trinkgeld in sich birgt, und das ist sehr wenig auf einen schachigen Gast von sieben Stunden. Aber es ist die billigste Beschäftigung der Elite, da sie nicht arbeitet und sich darum beschäftigt. Und sie ist literarisch, und die literarische Elite ist ungeheuer fleißig mit Kaffee und Schach und Reden und noch so Geist, weil daß sie sich vor sich selbst nicht anmerken lassen will, daß sie faul ist. Vom Theater sind auch welche und sehr bunte Mädchen, die ungeheuer sicher sind, und ein paar ältere Männer von schwankender Figur, die haben 5 mit Mathematik zu tun. Und die meisten sind wild drauf, gedruckt zu werden. Und schimpfen alle auf alles.

Ich hatte in eine Materie zu dringen. Und habe mir eine Liste gemacht mit Fremdworten, daneben schrieb ich, was sie heißen, ich mußte mir die Erklärungen manchmal 10 selber suchen. Die Worte machen sich gut, wenn man sie anwendet. Da saßen wir als Künstler unter sich – manchmal gehen dicke Bäuche durch, die gucken nur und gehören nicht dazu, wir verachten sie. Da legte ich meinen Kopf weit zurück, während sie reden, und werfe Blicke in 15 die Luft und höre nicht zu. Und plötzlich presse ich meinen Mund ganz eng zusammen und dann leger auf, blase Rauch durch die Nase und werfe voll Gleichgültigkeit und eiskalt ein einzelnes Fremdwort in sie hinein. Weil nämlich alle einzelnen Fremdworte, in Gespräche geworfen, ein Sym- 20 bol sind, und ein Symbol ist das, was immer paßt. Wenn man es mit Sicherheit macht, schämt sich jeder, es nicht zu verstehen. Bei einem Symbol kann einem gar nichts passieren. Aber ich habe sie dann nachher sehr über bekommen.« 25

»Was noch, was noch?«

»Und eine Ampel, die wechselt grün und rot und gelb – so riesige Augen und Autos warten vor ihr – ich gehe durch die Tauentzien – und Geschäfte mit rosa Korsetts verkaufen in einem auch grüne Pullover – wieso? Und Krawatten 30 und der gestreifte Bademantel eines Mannes im Fenster – und ich gehe – es sind braune Schuhe und ein Automatenrestaurant mit Walkürenradiomusik und Brötchen, wie ein Stern arrangiert – und Delikatessen, die man sich schämt, nicht zu kennen – in der Stadtküche. Und bei Zuntz vorbei 35 riecht es nach Kaffee, er liegt klein und braun in südländischen großen, schaligen Körben, es ist ja alles wunderbar – und breite Wege mit Schienen und gelben Bahnen. Und Menschen am KaDeWe, das ist so groß und mit Kleidern

und Gold und an der Tür viele elegante kleine Hunde an
Leinen, die warten auf Damen, die kaufen drinnen – und
enorm viereckig – und ein kleiner Wittenbergtempel, da
fährt unten im Bauch die Untergrund – es leuchtet ein
5 großes Riesen-U.
Und ein blonder Mann mit Kneifer ladet mich ein – mit
Zähnen wie eine Maus und so einem widerlich kleinen
Mund, der glänzt feucht und macht den Zwickermann
nackend. Wir trinken Wein in einem hochbürgerlichen
10 Lokal. Er ist Versicherungsmann und redet ohne Unter-
brechung und laut ohne Hemmung und idiotisch und von
seiner Mutter, der hat er einen Teppich geschenkt – und er
ist betrogen worden mit einem Feuerzeug, und sie wollen
es nicht umsonst reparieren – und 3,80 ist viel Geld – er
15 wirft sein Geld nicht raus, aber abends muß er seine drei
Biere haben mit Freunden, dann geht er zu seiner Mutter –
regelmäßig garantiert nach dem Dritten, es gäbe welche,
die wären anders, und er wäre nicht so – und er kann es
nicht vertragen, geneppt zu werden, da könnte er sich aber
20 ärgern – und das mit dem Feuerzeug – und ich soll ihn
besuchen, und er kennt Lokale, da ißt man sehr billig und
kriegt Kartoffeln nach und Gemüse in Haufen – er hat
nämlich mal studiert, die legen Wert auf Kartoffelnachkrie-
gen – und zittert seinen Fuß an mich ran – über das
25 Feuerzeug käme er nicht weg – und dem kaputten Mann
mit rosa Heftpflaster gibt er nichts, weil man wohin käme,
wenn man jedem geben wollte. Das dachte ich auch. Er
muß Arme vorher kennen – er hat nämlich schlechte
Erfahrung, denn er hat mal morgens um acht einem Bettler
30 sein Brötchen gegeben wegen verdorbenem Magen durch
Fleisch mit Stich und den Wirt verklagt – und dick echte
Butter drauf – und wie er runterkommt, kleben die beiden
Hälften unten an der Haustür – seitdem ist er anders und
gegen die Juden – und zeigt mir das nuttige Feuerzeug –
35 und von Gandhi hielte er auch nichts, und ein richtiger
Mann tränke nicht immer Ziegenmilch, das ist eine Deka-
denz, aber mehr als drei Bier auch nicht, wohl ein Mosel –
aber nie Schnaps, weil er mal einen Freund hatte, der
wurde dadurch Gerichtsvollzieher, nämlich durch Studie-

ren auf Assessor und dann Schnaps und dann kein Examen
– und das mit dem Feuerzeug – da hatte ich denn genug von
dem rasierten Versicherten –«
Und wir lachen, der Brenner und ich.
»Was hast du gesehen, was hast du –«   5
Ich packe meine Augen aus – was sah ich denn noch?
»Ich ging weiter die Ansbacher rein – da funkeln Steine in
einem Geschäft, welche heißen Amethyst, was sich doch
direkt lila anhört, nicht wahr?«
»Und was noch, was noch?« – so 'n Mief in der Küche und   10
wann kommt die Alte? – »Riecht so Berlin?« fragt er, als
ich ihm meine Puderquaste vor die Nase halte – »was noch
– was noch?«
»In der Nürnberger ist ein Lokal mit gerafften Gardinen
und nur für Russen – eine Tapete wie blaugefrorene   15
Kirschen mit sonnigen Blumen – so lustig – und ein altes,
russisches Moskau als Bild und eine winzige Mutter Gottes
in der Ecke. Und kleine Lampen – ein bißchen weiß und
ein bißchen rot – wenn einer sehr groß ist, stößt er mit dem
Kopf an die Decke. Ich bin ganz allein und lerne die   20
Speisekarte auswendig wegen russischer Fremdworte zu
dem Klang einer Musik. Ich trinke Gelbes, das heißt
Narsan – es gibt Schachly vom Kaukasus und Watruschki
oder so mit Käse. Die Mädchen haben weiße, kleine
Schürzen und sind hübsch wie Lockenpuppen mit Kuller-   25
augen und russischer Sprache – und können gut durch
vornehmes Gesicht jedem beweisen, sie sind General-
frauen. Kleine schwarze Zahnbürsten haben Männer über
Lippen – die Kapelle singt – es ist eine Sprache wie weiche,
fließende Mayonnaise – Gott, so süß. Die Decke ist   30
graugrün geschibbert – ich sehe, ich sehe – die Generalkell-
nerinnen sind so hübsch – die Musik hat Glatzen und
Geigen – eine mit gelber Bluse lacht russisch – Männer sind
froh ohne Frauen und betrunken ohne Wünsche und
streicheln sich gegenseitig die Schultern aus besoffener   35
Liebe zu allem – ein querer Spiegel am Ende – man sieht
blaß drin aus, aber hübsch – sie haben tiefe Augen und
braun wie die Geige – so was täuscht – ein schöner Mann
hat eine dicke Frau nach Kaulquappenart – alte Männer

geben Küsse aufeinander – zick-zack ist die Musik – wie
Pauls gesammelte Seesterne kleben getrocknete Lampen
an der Decke – die Musik ist geblümt wie ein Chiffonkleid,
das immer schnell zerreißt – überhaupt, Herr Brenner –
5 sehen Sie, man sollte nie Kunstseide tragen mit einem
Mann, die zerknautscht dann so schnell, und wie sieht man
aus dann nach sieben reellen Küssen und Gegenküssen?
Reine Seide – und die Musik –«
»Was noch, was noch –«
10 Reine Seide – und Hubert küßte mich mal leidenschaftlich
auf die Augen, vielmehr auf die Hautlappen darüber – ich
hatte auf jeder Augenklappe so einen kleinen roten Fleck –
und Angst zu Hause – ich durfte die Klappen nicht
bewegen Sonntag mittag beim Essen – und ich gestiert, bis
15 mir Tränen kamen – »was guckste denn, wie 'ne Verrückte«, sagt mein Vater – und ich immer die Augen starr –
und so stier gucke ich jetzt auch immer, weil ich so viel
sehen muß.
»Hellgraue Anzüge haben schwarze Männer auf dämo-
20 nisch, rote Krawatten machen sie komisch – meine Augen
sind ausgesehen – Sie, Sie, Sie –«
»Was noch, was noch?«
»Die Frauen sind schön in Berlin und gepflegt mit
Schulden.«
25 Ich tanze, ja ich tanze – die Luft erstickt mich – ein Russe
ist mit mir – das ist ein Emigrant – wie er spricht – die
Worte stolpern ihm rauh und weich, wie so ein Mercedes-
rad über holpriges Pflaster rollt – er hat keine Haare – seine
Augen sind jung und hart. Und so schlank. Und die Frau
30 mit weißem Gesicht und Erdbeermund gegenüber zieht
den Skunks hoch über der linken Schulter so mit einer Art
– die sagt glatt mit der linken Hand zu meinem Russen:
›Du Affe gehst mich ja nichts an, aber ich wollte doch – du
gefällst mir!‹ – so mit vornehmer Verachtung. Du Biest!
35 denke ich – ›interessante Frau‹, sagte der Russe. –
›Krumme Beine leider‹, sage ich kalt. – ›Wie sehen Sie
das?‹ – ›An der ängstlichen Art, wie sie ihr Glas festhält
und mal zur Toilette will und sich nicht traut.‹ – Na, wenn
mir eine was will, kann ich sie vielleicht vornehm schlecht-

machen, ohne Ahnung und einfach drauflos, da kriege ich einen Verstand. Und küssen uns beim Tanzen – in einer Bar – Cocktails sind auch bunt – wie gebleichte Zitronenfalter – man kriegt Kopfschmerzen nach –«

Es knacht der hölzerne Schrank, und Brenner legt seinen Kopf auf meine Schienbeine: »Ich weiß dich ja, ich brauche dich nicht zu sehen.«

Ich denke seine Worte, ich habe doch keine Zeit, Worte zu denken – ich habe viel Liebe und kann davon abgeben, aber man muß mich zuerst wollen lassen. Tilli weint wegen einer Untreue an ihrem Mann – weil es auch genausogut eine andre hätte sein können bei ihm. Ich sage da nur: Tilli, ich erkläre dir hiermit, wenn du das überlegst überhaupt, hätte es auch bei dir genausogut ein andrer sein können, das kommt aufs selbe raus – »und Liebe ist zufällig zusammen betrunken sein und aufeinander Lust haben und sonst Quatsch«.

»Liebe ist mehr«, sagt Brenner.

»Liebe ist allerhand und Verschiedenes«, sage ich.

»Liebe ist kein Geschäft«, sagt er.

»Hübsche Mädchen sind ein Geschäft«, sage ich, »was hat das mit Liebe zu tun« – ich weiß ja, ich weiß ja – Liebe – ja – aber ich will nichts wissen, ich will nicht.

»Aber ich habe eine Sehnsucht«, sagt der Brenner – wieso werden seine Augen noch toter? Ich werde ihn küssen.

Ich hab dich lieb – braune Madonna – heilige Mutter Gottes, bitt für uns – die gestorbenen Augen sagen mir: »Doris, es ist so weit, übermorgen komme ich in ein Heim.« Denn die Frau schafft's nicht mehr und wollte es so, jetzt tut's ihr leid, denn ihr Reich eines Kaisers ist zu Ende, indem sie keine Untertänige mehr hat. Allein Kaiser ist nämlich keiner.

Wir sind in der Küche zu drei. Er auf dem Stuhl und gestützt und die Frau am Herd und ich vorm Bett – stehen da – »Frau Brenner, Ihr Mann – will einen Abend – durch die Straßen – ich will ihn führen – denn er kommt ins Heim – da sieht er nichts mehr« – sage ich. Er ist stumm – und hat mich gebeten vorher. An meiner Brust ist ein Veilchen-

strauß – von einem Gestrigen geschenkt – der atmet ganz
blau in die Küche. Sie steht da, seine Frau – mager und
lang mit Raffzähnen: »Ich gehe mit ihm.«
Die Stimme schlägt meine Veilchen tot: »Er geht mit mir,
ich bin seine Frau.«
»Ich gehe mit ihm, ich kann ihm viel zeigen.«
Und er ist still. Da war ein Kampf über ihn weg. Männer
sind alle feige. Da schreit seine Frau: »Was habe ich alles
für ihn getan!«
Was nützt das schon. Er sieht uns ja nicht – aber sie riecht
alt – und ich rieche jung. Ich liebe ihn nicht, ich kämpfe
aber um unseren Abend, denn er will es, meine Knie
fühlen es. Nämlich, weil es doch für eine Frau vielleicht das
größte Geschenk ist von einem Mann, gut sein dürfen zu
ihm. Weiter nichts. Und da danke ich ihm eben, daß er
mich gut sein läßt zu sich, denn sie lieben ja sonst nur die
Bösen. Und es ist viel anstrengender, böse zu sein. Die
Küchenstimme macht meine Veilchen tot, die sterben in
meine Haut rein. Und da kämpfe ich für seine Wünsche,
denn er ist müde. Mein Kind. Mir flattern Worte: »Liebe
Frau, was dir gehört, gehört Ihnen – bitte ein Abend – mal
frei – und wiederkommen – ich bitte –« Quatsch, bitten! –
so eine schreit ja doch nur durch gelbe Zähne jeden
Pfennig raus, den sie verdient hat. Ich will nu mal – mein
Kind – haben Sie keine Angst – ich habe noch Geld, wir
können überall hin.
»Na, kannst ja wählen«, schreit das gelbe Gezahn. Arme
Männer, immer wählen – Hindenburg – Frauen – Kommunisten – Frauen –. »Hören Sie, Frau, nur einen Abend und
nur drei Stunden – noch genug Stunden für Sie – so viele« –
hängen ihre Hände vor mir mit so rostiger Haut –. »Ja«,
sagt sie.
Und nun komm – wir gehen – durch Berlin – wir fahren im
Taxi – seine Haut riecht nach schwarzweißen Birken vor
Glück, weil die ja gar nicht riechen – die sieht man nur, und
er kann ja nicht sehen – darum riecht er danach.
»Es ist schwer, etwas Totes mit sich herumzutragen«, sagt
er. Ja, mein Onkel hat einmal eine ertrunkene Leiche
getragen vom Fluß rauf und nachts und sagte: Leichen sind

schwer. Ist denn auch alles Schwere Leiche? Steigen wir
aus und gehen wir weiter – zu einer Musik – und war jung
und ertrunken im Paddelboot und weißem Sweater. Und
hatte ein Mädchen. Und es schien ein Mond, den hatte die
Sonne geliehen – gehen wir weiter.   5

Wir trinken Wodka in einem Russenlokal, es gibt einen
Schnaps hier, der schmeckt nach Wiese – »und weißt du,
die Tapete, das sind lauter Blumen, die lachen sich tot« –
ach, ich liebe dich, weil ich gut zu dir bin.

Und gehen wir weiter – harter Wind und Stimmen und   10
Straßen – »kann man riechen, wenn es dunkel wird?«
Etwas in mir weicht in lauter Ruhe auf – ich halte seine
Hand – und er hat Vertrauen, wenn ich ihn führe – so darf
ich nicht werden, wie komm ich denn weiter? Wir wollen
was essen.   15

Wir gehn in ein Lokal am Wittenbergplatz, man sitzt am
Fenster. Er muß zu mir sprechen, sonst weiß ich nicht, daß
er Freude hat, denn die Augen sind doch stumm und der
Mund bitter geboren, und es hat nur noch seine Sprache
ein Licht. Und es schimmern durch den Spalt von dunkel-   20
grünen tannigen Vorhängen die sehr roten Lichter einer
Reklame – von weitem.

»Bist du auch froh?« Ja doch, Bier ist gut für den Durst –
»schmeckt es blond?«

Gehen wir weiter – ich habe Angst, daß er sich nicht freut,   25
aber in seinem Arm liegt ein Zutrauen. Ich bin ihm die
Rettung vor Übergängen – von Straßen.

Saugt er Luft und fragt: »Scheinen Sterne?«
Ich sehe danach.

»Ja, es scheinen Sterne«, lüge ich ihm und schenke ich ihm   30
– es sind gar keine Sterne –, aber sind dann doch wohl
hinterm Himmel und scheinen mal eben nach innen, indem
man sie umdrehte. Ich habe Sterne sehr gern, aber ich
merke sie fast nie. Wenn man blind wird, weiß man ja wohl
erst, daß man furchtbar viel vergessen hat zu sehen.   35

Und dann in ein Kaffee – ich schenk mein Herz nur dir
allein – der Geiger, wie der singt! Wir essen was Süßes, das
schmeckt ganz rosa – sei doch glücklich – ich will zu sehr
wollen, das macht mich betrunken.

»Doris – ein Wald«, sagt er.

Wald! – sind ja doch in Berlin. Ich sehe jetzt keinen an – ich lebe doch jetzt für dich – da drüben der Kerl – lebe für dich, was mir ein Konfirmationsunterricht ist, den ich
5 immer geschwänzt habe und statt dessen getanzt – was geht einem denn auch der liebe Gott an, solange man noch drüber nachdenken muß, wie nun Kinder wirklich gemacht werden – und man erfährt dann ja doch alles früh genug.

Wenn er doch sprechen würde! – wir wollen weiter –
10 manchmal kommt jetzt ein halber Stern – aber doch nichts gegen die Reklame – und um uns Gesause, ich mache mal einen Augenblick meine Augen zu an der Haltestelle vom Omnibus – wie das alles in einen dringt – so viel Lautes – er wird immer stiller – gehn wir ins Vaterland, da muß einer
15 doch wach werden. Und rein in den Omnibus, der springt mit uns übers Pflaster und ist doch so groß und dick – hopp, ein Ruck – und so voll, alle atmen sich an – und aus Polstern ein Dunst. Berlin, ich zeige ihm doch Berlin.

Im Vaterland sind toll elegante Treppen wie in einem
20 Schloß mit Gräfinnen, die schreiten – und Landschaften und fremde Länder und türkisch und Wien und Lauben von Wein und die kolossale Landschaft eines Rheines mit Naturschauspielen, denn sie machen einen Donner. Wir sitzen, es wird so heiß, die Decke fällt – der Wein macht
25 uns schwer – »ist es denn nicht schön hier und wunderbar?« Es ist doch schön und wunderbar, welche Stadt hat denn so was noch, wo sich Räume an Räume reihen und die Flucht eines Palastes bilden? Die Menschen sind alle so eilig – manchmal sind alle blaß im Licht, dann sehen die Kleider
30 von den Mädchen nicht bezahlt aus, und die Männer können sich den Wein eigentlich nicht leisten – ob denn keiner glücklich ist? Jetzt wird doch alles dunkel – wo ist denn mein helles Berlin? Wenn er doch nicht immer stummer würde.
35 Wir wollen fort. Ich kenne was Wunderbares im Westen, da ist es teuer – aber ich kann es wohl noch. Das ist ein sehr vornehmes Lokal für nachts und italienisch und Künstler – mit den Eliten war ich mal da –, da trinken sie einen Wein direkt aus Italien und sind wunderbar betrunken, und toll

interessante Frauen manchmal und feine Leute und alles
geheimnisvoll mit niedriger Decke und dunkel – da braucht
sich keiner genieren, mal anders zu sein wie am Tage.
Und frage ich: »Bist du müde?«
»Nein, ich bin nicht müde – ich danke dir – glaubst du, im 5
Heim wird ein Garten sein?«
»Ja«, sage ich, »es wird ein Garten sein.«
Ich könnte heulen. Gehen wir – alles sieht anders aus – und
vorm Vaterland schlägt einer ein elendes Mädchen – die
schreit – und es kommt ein Schutzmann – viele stehen und 10
wissen nicht wohin, und es ist kein Glanz und keine
Menschen – lauter gestorbene Grabsteine gehen – und
wenn man sich ansieht, will man was voneinander – aber
warum denn nichts Gutes? Seine Beine bewegen sich
schwer, und über mir lagert ein Druck, der kommt von ihm 15
und ist jetzt auch in mir.
Wir sind dann im Italienischen – man darf hier nicht
merken, daß er nicht sieht, dann würden sie böse, weil es
die Fröhlichkeit stört. »Hier ist es doch schön, nicht wahr?«
So ganz mosaikische Lampen und ruhige Ecken, aber nicht 20
etwa so Knutschecken, viel vornehmer und was Dunkelro-
tes über allem – es singt die Musik und ein interessantes
Büfett mit Apfelsinen wie vergessene Sonnen.
Ein Mädchen von Sankt Pauli – ein Mädchen von der
Reeperbahn. »Donnerwetter, das hat Schmiß«, würde 25
Therese sagen, weil Ihrer das immer gesagt hat – und ist
somit ein Satz das einzige, was sie noch von ihm behalten
hat. Ich heule gleich los – und erzähle ulkige Sachen –
meine Stimme flackert wie Feuer, das ausgeht – er lacht mit
viel Mühe und sagt: »Es ist herrlich.« Aber ich glaube ihm 30
nicht.
Und verliebt ist er auch nicht, das wäre ja sonst noch die
Rettung der Stimmung – aber wir sind ganz eingeschlossen
in einen kalten Kreis, der läßt nur noch unseren Kopf
zueinander denken und sonst nichts – und manchmal ist 35
mir, als fliegt er mir fort auf einem Haufen von ganz
weißem und kaltem Schnee – und ich friere mich wieder tot
vor Alleinsein – jetzt muß er mir doch mal helfen – und
wenn er im Heim ist, und man sieht sich nicht mehr, soll er

doch dreimal jeden Tag gute Gedanken für mich haben –
das würde viel für mich ausmachen, ich würde das dann so
beruhigend in mir wissen – aber vielleicht ist so was auch
schon zu viel verlangt.

5 Es kann nämlich auch sein, daß ich ihn doch etwas liebgehabt habe – ich will ja nur nicht und wehre mich da
immer wegen meiner Karriere und weil es nur Leid ist.
Aber was will man machen, man merkt's immer zu spät,
wenn im Bauch was anfängt, so blödsinnig weh zu tun –
10 meine Hand kann er eigentlich mal nehmen.

»Die Stadt ist nicht gut, und die Stadt ist nicht froh, und die
Stadt ist krank«, sagt er – »du bist aber gut, und ich danke
dir.«

Er soll mir nicht danken – er soll nur mein Berlin schön
15 finden. Und jetzt sieht mir alles ganz anders aus – ich bin
betrunken und träume wach – ein Mädchen von Sankt
Pauli, ein Mädchen von der Reeperbahn . . . und die Musik
ginge eigentlich lieber nach Hause – und so 'n Reeperbahn-
mädchen ist eigentlich ein viel zu armes Luder, als daß sie
20 das so rausjubeln brauchen. Und manchmal lacht einer –
und stopft sich mit seinem Lachen den ganzen Ärger von
gestern und morgen in den Mund zurück, indem der
rausquillt. Und ich mache die Augen zu – da sind Reden
aus vielen Mündern, die fließen aufeinander zu wie ein
25 Fluß mit ertrunkenen Leichen, das sind ihre lustigen
Worte, die sind schon versoffen, bevor sie beim Ohr vom
andern sind, und kommten tot an – und hat mein Onkel
mal einen getragen – und weißer Sweater, und der Mond
schien – warum mußten wir daran denken vorhin?
30 In Sankt Pauli bei Altona bin ich verlassen worden . . . die
Lieder sind ja doch schön – und am Nebentisch lernen zwei
Männer und eine Dame sich kennen und machen sich
bekannt und gucken sich an mit freundlichem Mißtrauen
und glauben zuerst mal alles Schlechte von sich gegen-
35 seitig.

Ich rede mit ihm und will nu mal endlich ein Wort finden,
mit dem ich dann bei ihm bin – ach, ich kann nicht mehr –
gehen wir weg – was ist denn in mir? – ich will das tot-
machen. Betrunken sein, mit Männern schlafen, viel Geld

haben – das muß man wollen, und nichts anderes denken,
wie hält man es sonst denn aus – was ist denn wohl nur
kaputt auf der Welt?
Und draußen noch immer keine Sterne. Wir gehen –
eigentlich lügt die Gedächtniskirche, daß sie eine Kirche ist   5
– denn wenn sie es wäre, müßte man jetzt doch rein und
mal dableiben. Wo ist denn nur Liebe und etwas, was nicht
immer gleich entzweigeht? – so betrunken, ich muß aber
doch acht geben – auf ihn – und so ein fremder Arm –
zurück zu seiner Frau – in die Küche.   10
»Es ist eine gute, einsame Luft jetzt«, sagt er – und am
Kurfürstendamm wird sie wieder voll, die Luft. Dann sind
an einer Ecke vier Stimmen von jungen Männern, die
haben ein musikalisches Instrument und singen zu vieren
mit großer Hoffnung in der Stimme: das ist die Jugend –   15
das ist die Liebe . . ., und wir stehen und hören zu, weil sein
Arm einen Ruck zum Halten machte – und die sammeln
dann und sind feine Jungs mit einem glücklichen Gesicht,
weil sie sich gar nicht kaputtmachen lassen werden und gar
keine Angst haben, und gehen ganz sicher. Und singen   20
wieder, und alles ist jung in den Stimmen – aber ich bin
doch auch noch nicht alt?
»Das ist schön«, sagt er – und atmet die Stimmen und die
Luft und halben Sterne – und kramt dann aus seiner Tasche
gesparte Pfennige für Tabak fürs Heim – und gibt sie den   25
Jungens – und sagt: »Das war schön – so vier junge
Stimmen, die zusammenhalten und Kraft haben und ein
Leben – in der freien Luft – das war schön.«
Aber dazu hätten wir ja doch nicht so weit und überall
hingehn brauchen. Und er versucht plötzlich stark und   30
allein zu gehen – wie kann ich ihn das denn lassen – ! – aber
ich bin jetzt sehr müde.

Ist doch der Rannowsky aus unserm Haus, der ein Wort ist,
das ich mich schäme, aufs Papier zu geben, verhaftet, weil
er eine von sich halb totgehauen hat und sie ihn angezeigt.   35
Und jetzt geht sie immer an uns vorbei rauf und heißt Hulla
und hat ein ganz breit auseinandergelaufenes Gesicht und
gelb gefärbtes Haar. Und nur eine Blonde kann so richtig

gemein aussehn, daß man nicht begreift, wie ein Mann mit
solcher. Und trägt billige Jumper, eng und ganz aus Wolle,
was ihre Formen auf ordinäre Art ausprägt. Hält sie mich
auf der Treppe an und spricht mit mir, und mir wurde
5 unheimlich, denn es war mir doch eine furchtbar fremde
Unterwelt, und so weit kann man kommen. Aus Angst war
ich freundlich und auch, weil es sonst niemand mit ihr ist.
Ich war gegen sie ein Glanz.
Das ist komisch: jeder Glanz hat über sich noch einen
10 höheren Glanz. Und sie zitterte und bat mich um Geld für
Futter für die Goldfische, denn sie kann nicht gut verdienen, weil ihr Gesicht bedeckt ist mit Leukoplast. So hat er
sie zerschlagen.
Und nun sitzt er. Und schreibt ihr drohende Briefe, um für
15 die Goldfische und besonders Lolo zu sorgen: »Sorge für
die mir geliebten Tiere, Weib, anderenfalls krache ich dir
die Rippen im Leib kaputt, wenn ich rauskomme.«
Da sind wir gegangen, die Tiere betrachten, und sie
schwammen rot und stur, und Lolo fett und faul. »Wenn er
20 nur nicht krank ist!« schrie Hulla mit ganz spitzem Schrei
wie ein Pfeil und sah zum Fürchten aus mit ihrem Gesicht
voll Leukoplast.

Tilli ihr Albert ist aus Essen zurück. »Aber bleibe doch« –
sagt sie mir.
25 Manchmal faßt er meinen Arm so mit geminderter Kraft,
dann hört mein Alleinsein auf. Aber ist doch Tilli ihrer.

Ich habe es erreicht. Ich bin – o Gott – Mutter, ich habe
eingekauft: ein kleines Pelzjackett und Hüte und feinste
Zervelatwurst – ist es ein Traum? Gewaltig bin ich. Ich bin
30 so voll Aufregung.
»Wollen Sie bitte meinen Kimono aus reiner Seide auslüf-
ten«, sage ich zu meiner Zofe, die immer als Putzfrau
kommt.
Und er ruft an und sagt: »Puppe, mach dich schick, wir
35 gehn in die Skala heut abend.«
Und eine Zimmerflucht am Kurfürstendamm. Ich bade
manchmal drei Stunden hintereinander mit edlen duften-
den Salzen im Wasser.

Er ist eine fröhliche rosa Kugel. Ich lernte ihn kennen in einem Kaffee Unter den Linden, wo eine hochklassige Musik herrscht. Ich sah ihn an, er sah mich an. Ich sah einem Mädchen ähnlich, das er auf der Schule geliebt hat – es muß dreihundert Jahre her sein – so alt ist er, aber das wirkt gerade beruhigend.

Ich gehe auf Teppichen. Mein Fuß versinkt, indem ich das Radio anstelle: die Liebe, die Liebe ist eine Himmelsmacht. Und ich bin ja sooo schön. Und muß fast weinen, denn jetzt weiß ich mit meiner Schönheit nicht wohin – für wen bin ich schön? Für wen?

Er hat eine Firma, die kämpft, und so tröstliche Augen. »Alexander«, sage ich zu ihm, »Alexander, mein Herzblatt, mein runder kleiner Edamer, ich bin ja sooo glücklich!«

»Hast du mich auch ein bißchen lieb, meine Taube, und nicht nur mein Geld?« fragt er voll Angst – und das rührt mich so, daß ich ihn wirklich ein bißchen liebhabe.

Alexander erzählt mir stundenlang von sich als Kind, und ich höre zu, denn ich durfte Therese von seinem Namen aus das geliehene Geld und ein Koffergrammophon mit achtzehn Tauberplatten schicken und einer von mir, darauf sprach ich bei Tietz: Therese, ich liebe dich und vergiß mich nicht, vielleicht werde ich eine Kanone beim Film, denn Alexander umwirft mich mit Toiletten und findet mich furchtbar talentvoll, ich fahre mit einem Mercedes, und sogar meine Fußnägel sind gelackt, und ich bilde mich geistig und sage machmal »c'est ça olala«. Und bin eine Dame. Meine Hemden sind aus Crêpe lavable aus Paris mit handeingestickten Motiven, ich habe einen Büstenhalter, der hat 11 Mark 50 gekostet, und ein Paar Schuhe, die Modelle sind aus echt Straußenleder. Warum könnt ihr mich nicht sehen? Gnädige Frau wünschen? fragt mich Alexanders Chauffeur. Auf Wiedersehen, meine Therese.

Einmal wollte meine Mutter einen Wellensittich. Ich ließ ihr somit neun ganze Wellensittiche überweisen und Kristallflakons und Wäsche und alles. Therese auch. Ich habe

eine Art von Heimweh – und bin so vornehm, ich könnte Sie zu mir sagen. Ich nehme den Hörer vom Bett aus mit seidiger Steppdecke und drehe eine Nummer und sage: »Alexi, meine rote Morgensonne, bringe mir ein Pfund
5 Sarotti, bitte!«
»Gemacht, Puppe«, sagt er, und ich verbleibe ruhend und im Spitzennachthemd oder Negligé. Manchmal ist es mir eine Winzigkeit langweilig. Aber doch schön. Ich habe Tilli ein Paddelboot geschenkt.
10 Alex sagt: »Komm, Puppe, wir trinken Sekt. Mickymäuschen, du siehst ja wie eine Tauperle aus.«
Er ist ein Mann mit Schliff, wenn auch klein und dick. Alle seine Freunde – lauter Großindustrien, sagen: »Alter Schäker, woher hast du die schöne Frau?« und küssen mir
15 die Hand.
Alexi ist so nervös, ich sage ihm: »Kind, du mußt ausspannen, fahren wir in ein Bad.«
»Laß man gut sein, Maus, die Zeiten sind schwer«, sagt er und redet die ganze Nacht voll Hast – so nervös ist er.
20 »Konsultiere einen Arzt, mein Schatz«, sage ich ihm, aber er will nicht hören.
Die Wohnung ist so fein, der Chauffeur ist so fein, alles ist so fabelhaft, ich wandle durch die Räume. Und es sind Tapeten von dunkelroter Farbe – so toll vornehm – und
25 Eichenmöbel und Nußbaum. Es sind Tiere mit Augen, die leuchten, und die knipst man elektrisch an, dann fressen sie Rauch. Und Klubsessel, die haben kleine Aschbecher umgeschnallt wie Armbänder – so eine Wohnung ist das.
Und dann tue ich etwas ganz Großes. In meinem Negligé,
30 das meine Füße seidig umwallt und meine Knie streichelt, bewege ich mich vor und hebe ganz langsam meine beiden Arme, die von Spitzen überstürzt werden – und an meinen Füßen rosaseidene Pantoffeln mit Pelz dran – und dann hebe ich meine Arme wie eine Bühne und schiebe die
35 große Schiebetür auseinander und bin eine Bühne. Ich glaube, daß eine Schiebetür das äußerste an Vornehmheit ist. Und schiebe sie wieder zusammen und gehe zurück und tue es noch mal – und bin eine Bühne mindestens zehnmal jeden Vormittag.

So ein Leben, so ein Leben.

Eine Tasche aus echt Krokodil gesehn – schon gekauft.

Ich überwältige mich.

Auf einmal versteh ich dem Rannowsky seine Weiber und die Hulla mit dem Leukoplast. Was soll das Leukoplast mit 5 Geld nur für sich? Und wenn da immer Männer sind und sind keine – nur Automaten, man will was raushaben aus ihnen – nur was haben und kriegen und wirft sich selbst dafür rein – dann will man auch einen, der kein Automat ist, dem man was gibt. Ich lese jetzt auch wieder viel 10 Romane.

Ich bade sehr viel.

Wenn dem Runden seine Frau kommt von der Reise, muß ich wieder raus aus der Wohnung. Was ist eine Gesellschaft? Bin ich jetzt eine Gesellschaft? Ich habe weiße 15 Seidenschuhe von Pinet zu vierzig Mark und kann olala-c'est ça, daß jeder denkt, ich spreche perfekt Französisch.

Sagt er mir: »Puppe, sei mir treu, ich muß dich diesen Abend dir selber überlassen.« 20
Tilli war nicht zu Hause. Ich ging in Lokale. Mein Feh. Ich mochte müde sein, es ging nicht.
Liebe Mutter, gestern war Sonntag, und da hast du vielleicht sicher Rotkohl gekocht, und hat es wieder im Zimmer so nach Essig gestunken? Aber meine Mutter 25 nimmt immer den besten Essig.
Mein Kopf war ein leeres, schwirrendes Loch. Ich machte mir einen Traum und fuhr in einem Taxi eine hundertstundenlange Stunde hintereinander immerzu – ganz allein und durch lange Berliner Straßen. Da war ich ein Film und eine 30 Wochenschau.
Und tat das, weil ich sonst in Taxis fuhr nur immer mit Männern, die knutschten – und mit welchen, die ekelten mich, dann mußte ich alle Kraft zur Ablenkung brauchen –

und mit welchen, die mochte ich, dann war es ein fahrendes
Weinlokalsofa und kein Taxi. Ich wollte mal richtig Taxi.
Und sonst fuhr ich auch mal allein, wenn mir einer das
Geld gab für nach Haus mit zu fahren – dann saß ich nur so
5 mit halbem Hintern auf dem Polster und immer stierende
Augen auf der Taxiuhr. Und bin heute allein Taxi gefahren
wie reiche Leute – so zurückgelehnt und den Blick meines
Auges zum Fenster raus – immer an Ecken Zigarrenge-
schäfte – und Kinos – der Kongreß tanzt – Lilian Harvey,
10 die ist blond – Brotläden – und Nummern von Häusern mit
Licht und ohne – und Schienen – gelbe Straßenbahnen
glitten an mir vorbei, die Leute drin wußten, ich bin ein
Glanz – ich sitze ganz hinten im Polster und gucke nicht,
wie das hopst auf der Uhr – ich verbiete meinen Ohren,
15 den Knack zu hören – blaue Lichter, rote Lichter, viele
Millionen Lichter – Schaufenster – Kleider – aber keine
Modelle – andere Autos fahren manchmal schneller –
Bettladen – ein grünes Bett, das kein Bett ist, sondern
moderner, dreht sich ringsum immer wieder – in einem
20 großen Glas wirbeln Federn – Leute gehen zu Fuß – das
moderne Bett dreht sich – dreht sich.
Ich möchte gern furchtbar glücklich sein.

Gott sei Dank konnte ich außer meinem Feh noch die
Krokodillederne, die weißen Seidenschuhe und einen Kof-
25 fer mit einem Teil mir gehörender Sachen retten. Als
unerwartet seine Frau vormittags kam, lag ich noch im
Bett. Ich sagte dann nachher meiner Zofe, ich ließe die
gebrauchte Eau de Cologne zurück, um ihr auf die Stirn zu
schütten. Ich ging aufs Postamt, um den Runden anzurufen
30 im Geschäft. Er ist verhaftet. Wieso? Wegen Geld sicher.
Aber es werden gerade die feinsten Leute heutzutage
verhaftet.
Ich bin zu Tilli und schenkte ihr die weißen Seidenschuhe,
sie wertet sie nicht hoch genug, aber auch ohne das hätte
35 sie mich aufgenommen. Darum, weil ich das wußte, habe
ich ihr die Schuhe geschenkt!
Was nun? Tillis harter Albert geht stempeln, Tilli geht
putzen bei Ronnebaums.

82

Ich habe die Krokodilene weit unter Preis verkauft.

Immer dasselbe, immer dasselbe.

Ich treffe das Leukoplast auf der Treppe. Ich habe in
meinem Bauch einen Wunsch, von allen Menschen
gemocht zu werden. Das ist immer, wenn einen keiner   5
richtig mag.

Der Albert faßt mich beim Arm manchmal. Tilli liebt ihn.
Sie muß morgens fort. Ihr Blick liebt mich nicht mehr.
Männer sind alle egal. Der Harte langweilt sich. Keine
Arbeit. Tilli fort. Ich da. Und neu sozusagen. Manchmal   10
wünscht mein Kopf, an seinem Arm zu sein, darum steh ich
ganz früh auf und geh mit Tilli aus dem Haus und
spazieren.

Bald ist Weihnachten.

Immer ist Krach und Druck in der Wohnung. »Nein«, sagt   15
Tilli, »du sollst Alberts Hemden nicht plätten.« Dann
weinten wir nachher beide und küßten uns.

Aber ich habe sie doch vorhin noch gesprochen. Tot. Aber
sie war freundlich. Die Hulla ist tot. Der Rannowsky. Der
kam morgens raus. Der hauptsächliche Goldfisch hieß   20
Lolo. Der Lolo ist gestorben, weil der Rannowsky der
Hulla eine Narbe gemacht hat am Mund, die nie mehr
weggeht – das sagte der Arzt. Ist sie zu den Goldfischen
und hat Lolo genommen und auf die Erde gelegt. Kommt
sie die Treppe runter, schreit sie nach mir. Gehn wir   25
zusammen rauf, sag ich: »Aber Fräulein Hulla!«
Da liegt der Lolo auf einem Zeitungspapier. Fällt sie mir
auf den Boden, schreit sie: »Tu ihn ins Wasser, mach ihn
lebendig, tu ihn wieder ins Wasser!«
Ich tu ihn ins Wasser. Sein Bauch liegt oben.   30
Sagt sie: »Ich wollte es nicht.«
Ihr Kopf wackelt – wir wollten es nie. Etwas ist sehr streng
mit uns, daß es macht, daß passiert, was wir gelogen haben

zu wollen und gar nicht wollten. Wir haben geweint um das Tier. Wir haben eine Zigarette geraucht und wieder geweint um das Tier.

»Ich habe ihn gefüttert«, sagt Hulla, »und heute nacht hat
5 mich einer gefragt, was hast du im Gesicht, bist du krank? Ich habe ihn gefüttert. Fragt er mich, bist du krank? Ich wollte drei Mark, ich muß neue Strümpfe –«
Zeigt sie mir ihre Strümpfe mit Laufmaschen noch und noch. Und weiter: »Wir hatten es ausgemacht: drei Mark –
10 und dann 2,50 – und wollt nur drei Mark – und hab mal von einem vor drei Jahren vierzig gekriegt – und so was Ungerechtes!« Das fand ich auch. »Und dann beim Arzt: es geht nie mehr weg, mein Gesicht hat was Krankes und nur 2,50 – da hab ich gehaßt, und man kann nicht ran an die,
15 die man haßt, da macht man kaputt, was man liebt, wo man ran kann.« Und der Rannowsky, den haßt sie – ja den.
Und immer schwamm oben der Fisch, drei andere Tiere stießen die Schnauzen dagegen. Der Bauch von dem Toten war blaß. Auf dem Boden die fette Hulla und betete. Und
20 furchtbare Angst – »sorge für die mir geliebten Tiere, Weib . . .« – er ist so rabiat.
Und ich sag: »Hulla, ich hole einen Kognak!« – sie war ja ganz zerschmettert.
Und Tilli nicht da. Sag ich: »Albert, gib mir die Flasche
25 bitte!« – Ist er betrunken und packt mich – ich sage: »Nein – Albert – bitte – der Goldfisch –!«
Aber warum hat ihm der liebe Gott so eine Art von Hauch gegeben, die mir gefällt – und ich sowieso verrückt aufgeregt. Seine Augen. Nur ein Augenblick. So ein
30 Gerenne auf der Treppe. Nur einen Augenblick. Tilli – Hulla –! und wie ich raufkomme, da sind viele Leute. Im Zimmer Rannowsky. Und Hulla springt aus dem Fenster, wie er die Tür aufmacht.

Manchmal gibt es Spiegel, in denen ich eine alte Frau bin.
35 So ist das in dreißig Jahren.

»Aber ich sage nicht, du sollst fortgehn, ich sage es ja nicht, aber bleibe doch« – sagte Tilli. Da bin ich gegangen. Wo

84

ich ein Dorn bin in ihrem Dasein und sie so anständig war
zu mir. Ich habe mir ein möbliertes Zimmer gemietet für
ein paar Tage – solange ich Geld habe.
Die Wirtin ist eine Schweinerei, und das Treppenhaus ist
eine Schweinerei und das Klosett, was in einem mit eine   5
Besenkammer ist ohne Licht und alles. Überhaupt ein
möbliertes Zimmer! Wie man da auf gemeine Art allein
ist. Es ist mir jetzt schon alles egal, ich gehe aufs Ganze.
Es gibt so viele Männer, warum nicht für mich auf
einmal? Ich bin das alles so satt. Wenn sie Geld haben,   10
haben sie blödsinnige Frauen und werden verhaftet, ist
das Moral? Es muß doch noch anderes geben auf der
Welt.
Ich sage dem alten Reff von Wirtin: »Frau Briekow«, sage
ich, »was heißt es, wo sind meine Taschentücher mit M   15
eingestickt?«
Ich habe sie selber gestohlen und brauche sie mir von so
einem Klumpen riechendes Roßfleisch von Wirtin nicht
noch mal stehlen zu lassen. In mir wacht jetzt eine neue
Energie. Nur angemeldet darf ich nicht werden. Ich kann   20
nur sagen, für mein Teil habe ich von Polizei noch nicht viel
Freude gehabt. Ich muß jetzt meine Chancen ausrechnen.
Furchtbar kalt im Zimmer. Dieser verrückte Albert! Die
ganze Last kommt von den blödsinnigen Kerlen. Anderer-   25
seits braucht man sie ja wieder. Ekelhaft. Also, ich könnte
noch Film versuchen. Dann kann ich mich ins Film-Kaffee
setzen von morgens bis abends, jahrelang. Eines Tages
entdecken sie mich für Statisterie zu machen als verhungerte Leiche. Dreckbande. In mir pufft die Wut wie ein   30
Motor. Ich bin gebläht voll Exaltierung. Fünf Pfennig extra
für ein Töpfchen warm Wasser nimmt sie, die Briekow. Wo
es mir nicht um die fünf Pfennig geht, aber um die
Gemeinheit. Nächstens stellt sie sich noch in ihre Besenkammer von Klosett und will jedesmal einen Groschen. –   35
Ich könnte ja auch Bardame werden. Neulich war ich mit
der Raupe in einer. Im Café des Westens klebte sich die
krumme Latte an mich ran – gewürfelter Anzug und
getupfte Krawatte, mehr Öl als Haar auf'm Kopf und zwei

Cherry Brandy, und ich mit echt Straußlederschuhen zu über vierzig! Hocken da die Mädchen einzeln auf ihren Hockern wie gerupfte Hühner auf der Stange, die erst mal eine Biomalzkur machen müssen, ehe daß sie wieder ein Ei legen können. Und davor so Kerle – wie sinnliche Hasen, die Männchen machen. Und reden! Das muß man gehört haben. Für drei Groschen Trinkgeld reden die acht Stunden vor einem Eierkognak – alles gelogen natürlich. Neckisch werden sie auch – und die Witze muß man sich anhören! Unter einer Mark würde ich nicht lachen, wenn ich Bardame wäre. Toiletten hätt ich ja noch. Aber leider kein schickes Abendkleid. Ich geh jetzt mal zur Post, den Lippi Wiesel anrufen, der mich ja damals liebte. Er ist einer von den Eliten, aber nicht so arm, weil fest bei einer Zeitung, und sitzt dicke drin.

Rufe ich den Lippi Wiesel an, der nebenbei auch so aussieht. Und hatte mir vorher einen Plan gemacht, weil ich doch da in der Klicke als was Vornehmes galt.

Und sage so mit geruhter Stimme: »Hallo, Lippi – ja, wie geht es – ja – sag mal, kennst du Schweden?«

Sagt er: »Ja.«

Sag ich: »Da wollt ich nämlich erst hin.« Sag ich: »Kennst du Griechenland?«

Sagt er: »Ja.«

Sag ich: »Da hatt ich auch erst vor hinzufahren.«

Überleg ich mir, was es für Länder noch gibt, wo das Schwein wohl nicht gewesen ist, denn ich hatte meinen Plan und mußte imponieren. Frag ich: »Kennst du Bulgarien?«

Sagt er: »Nein.«

Und ich denke: dein Glück! und fang an zu erzählen: »Also, da war ich doch jetzt in Bulgarien, mein Vater hatte mit der Regierung da heimlich zu tun – ja, ich bin ganz kurz erst wieder hierzulande, nein, mein Vater ist noch da. Ich hatte da eine Geschichte mit dem Erwerbsminister – furchtbar unangenehm – wenn man da nämlich einen Mann auf den Fuß tritt, heißt das gleich, man will was Ernsteres mit ihm anfangen – wußte ich doch nicht – und ist mir aus Versehen passiert. Sagte denn mein Vater: Tochter,

schneide die Konsequenz oder fahre ab, sonst zerstörst du
mir alles Geschäftliche – und er roch nach Gummi, alle
riechen da nach Gummi – ein sehr schönes Land sonst – in
den Kaffees die Tische mit echtem Gold teilweise eingefaßt
– und die Kellner in roten Samtkleidern fragen sofort: 5
carabitschi – das heißt: Ihren Namen – sagt man ihn –
bringt er gleich eine Kaffeekanne, auf der glühen dann
elektrisch entzündet die Anfangsbuchstaben vom Namen
vom Gast.«
Und auf die Weise muß man so Lippi Wiesels beikommen,   10
denn sie brauchen eine internationale Imponierung. Ich
treffe ihn nachher.
Ich wohne bei Lippi Wiesel. Daß mein Vater bei der
Regierung ist, glaubt er, weil das der einzige erotische Reiz
ist, den ich für ihn habe, weil er ja sonst politisch auf blond   15
eingestellt ist, und bei Männern geht doch manchmal das
Politische mit dem Erotischen Hand in Hand wegen der
Rasse und der Überzeugung. Ich bin ja nur froh, daß ich
von der Briekow weg bin. Und da gibt es einen Kursus für
fremde Sprachen zu lernen und für tanzen zu lernen und   20
feines Benehmen zu lernen und kochen zu lernen. Da gibt
es aber keinen Kursus, zu lernen allein sein in möblierten
Zimmern mit zerbrochenem Waschgeschirr und überhaupt
allein sein ohne kümmernde Worte und Geräusche.
Ich mag ihn gar nicht so furchtbar, aber ich bin bei ihm,   25
weil daß jeder Mensch ein Ofen ist für mein Herz, was
Heimweh hat und nicht immer nach Hause, sondern nach
was Wirklichem zu Hause – das sind Gedanken in mir, die
wälzen sich. Was mache ich wohl falsch mit meinem
Leben?   30

Aber vielleicht verdiene ich es gar nicht anders.

Heute ist Weihnachen. Von Schnee werden Menschen
betrunken. Richtig betrunken wie vom Wein. Betrunken
sein ist das einzige Mittel für nicht alt zu sein. Viele Jahre
kriechen auf mich zu.   35
Ich habe Therese über Tilli eine Tafel Nußschokolade
geschenkt, und ich wünsche ihr, daß die einsame Tapete

von ihrem Zimmer viele Münder kriegt, die ihr lebendige Küsse geben.

Ich habe meiner Mutter einen Kaffeewärmer über Therese und Tilli geschenkt. Ich wünsche ihr, daß ihr Mann, was
5 mein Vater ist, sie mal umarmt, ohne betrunken zu sein.

Ich habe Tilli mein eignes lilaseidnes Hemd geschenkt und wünsche ihr, daß ihr Albert es bemerkt, wenn sie es anhat, und auch sonst Arbeit bekommt.

Die Hulla war eine Hure, vielleicht hat solche kein Grab,
10 und man macht den Menschen das Leben auf der Erde manchmal wohl zu sehr schwer, und darum ist es ganz albern, für sie zu beten, wenn sie dann glücklich tot sind. Und wenn es keine Männer gibt, die bezahlen, dann gibt es doch auch keine Hullas – kein Mann darf Schlechtes über
15 die Hulla sagen. Ich wünsche ihr wirklich einen Himmel, in dem das Gute in ihren Augen Verwendung findet. Und wenn sie ein Engel ist, dann soll sie Flügel haben ohne Leukoplast geklebt.

Ich wünschte mir sehr die Stimme von einem Mann, die wie
20 eine dunkelblaue Glocke ist und mir sagt: Doris, höre auf mich; was ich sage, ist richtig.

Ich schenke meinem Feh ein Gedufte von Lavendel und wünsche ihm, daß er keine Haare verliert. Und das uns allen. –

25 Ich habe dem Lippi Wiesel drei Bilderrahmen gestickt mit unterschiedlichen Blumen und habe einen Weihnachtsbaum gekauft und geschmückt und eingeschlossen ins Badezimmer. Und werde dann Lichter entzünden und anfachen und möchte, wir hätten dann doch mal ein
30 Denken zueinander wie so Menschen.

Ich bin in einem Lokal. Hatte ich Weihnachten gemacht. War Heilig Abend. Ist ja alles Dreck. Ich habe Lichter gemacht und einen Tisch mit Tannenzweigen. Und warte. Das Lippi kommt nicht. Ich bin nämlich eine, von der
35 werden die Männer eingeladen an Festtagen in eine Familie, wo es langweilig ist, aber eine gleiche Stufe und Gesellschaft bedeutet. Und da feiert er, indem was ich bin, wartet. Und ging schlafen. Auf meinem Baum brannten Lichter, und ein Zweig fing Feuer.

88

Ein großes rotes Feuer – ich habe Lust auf so ein Feuer –
auf der Schule war Paul – wir haben ein Feuer gemacht in
der Laubenkolonie – Kartoffelfeuer – die gebrannten
Schalen haben wir gegessen – Paul war der schwarze Bär,
der Himmel hatte einen steilen grauen Dunst – wir bauen   5
einen Turm aus einer Flamme – ich war eine Indianische
mit einer Hühnerfeder hinter meinen abstehenden Ohren,
was sie aber jetzt kaum noch tun. Außerdem sind die
Haare darüber. Ich will auf einer ganz krunkligen harten
polkigen Erde ein Feuer.   10
»Verzeih mir, Cherie« – da ist er – das Schwein ist
betrunken. »Entschuldje, die Brennings ließen mich nicht
fort, ich habe ihr für fünfzehn Mark Orchideen gebracht,
glaubst du, es genügt? Der Mann hat nämlich Einfluß – sie
hat zwei junge Scotchterriers bekommen, wir werden sie   15
nächstens bringen im Bilderteil – putzige Tiere – leider
nicht stubenrein – siehste den Fleck auf mein Knie –
kannste den rausmachen morgen früh?«
»Stell wenistens mal bitte doch das Radio ein«, sag ich.
Stille Nacht – heilige Nacht, alles schläft, einsam wacht nur 20
– auf der Schule hab ich erste Stimme gesungen – stiehiele
Nacht –
»Meine gute Kleine, da hab ich keine Geschenke für dich,
weißte, die Zeiten sind so miserabel, mein Käfer, überall
wollnse abbaun, mein letztes Honorar hab ich auch noch   25
nicht – überhaupt Weihnachten! nur was für Jeschäftsleute
– aber Kind du – ich hab ein Geschenk für dich, das
Schönste und Beste, was ich dir geben kann – ich schenke
dir mich« – und hopst mir da mitsamt von Schuhen und
Hosenträgern aufs Bett.   30
»Bitte bleiben Sie bedeckt, Herr«, sag ich und schäume vor
Wut.
»Unsre deutsche Weihnacht«, japst er.
»Hat sich was mit Ihre deutsche Weihnacht!« Und bin raus
aus dem Bett – mit einem Besoffnen schlafen – nein, mein 35
Koffer – »Gleich, mein Süßer, gleich komm ich, ich such
nur noch was« – mein Koffer, Pantoffeln, Kleid, Schuhe –
schnell, schnell – »ja, ich komm gleich« – Schlüssel auf dem
Tisch, Gott sei Dank, schnell, schnell – stille Nacht, heilige

– wo sind die Schlüssel – stille ... die Seife nehm ich mit,
die ist mir – Wiedersehn! – der pennt schon – lassens Sie's
sich man gut gehn!
Und habe dann eine Nacht im Winter im Tiergarten halb
5 geschlafen auf einer Bank. Das kann ja keiner verstehn,
der's nicht erlebt hat.

Dritter Teil:

Sehr viel Winter und ein Wartesaal

Ich gehe herum mit mein Koffer und weiß nicht, was ich will und wohin. Im Wartesaal Zoo bin ich sehr viel. Warum können Kellner so voll Hohn sein, wenn man mal zufällig kein Geld hat? 5

Ich will nicht nach Hause, ich will nicht zu Tilli, ich will nicht zu dem Lippi und den anderen Armleuchtern – ich will nicht mehr, ich mag nicht mehr. Ich will keine Männer, die zu Weihnachten eingeladen werden. Ich will – ich will – 10 was?

Es sind Wartesäle und Tische, ich sitze hier. Ich will den Feh nicht versetzen, ich will nicht – ich habe auch keine Papiere. Tilli wüßte eine, die kaufte ihn. Ich will aber nicht. Manchmal fällt mein Kopf auf die Platte von dem 15 Tisch, meine Müdigkeit ist ein ganz schweres Gewicht. Ich schreibe, weil mein Hand was tun will und mein Heft mit den weißen Seiten und Linien ein Bereitsein hat, meine Gedanken und mein Müdes aufzunehmen und ein Bett zu sein, in dem meine Buchstaben dann liegen, wodurch 20 wenigstens etwas von mir ein Bett hat.
Und es riecht der Tisch nach so kalter gemeiner Asche und Maggis Suppenwürze und hat mir die Klosettfrau ein Zervelatbrot geschenkt, was nach Hygiene schmeckt, und das ist medizinische Gesundheit. Und weiß ich das von 25 Rose Krall, was im Jaedike saß und hatte einen Freund, was Arzt ist. Und man kann immer einem Mädchen anhören, was ihr letzter Freund war, denn sie sprechen dann die Sprache von seinem Beruf.
Gottogott müde. Und zu nichts Lust. So egal alles. Und aus 30 meiner Müdigkeit wächst nur eine Neugierigkeit, wie es wohl weitergeht – hallo, Frau Wirtin, schnell noch einen Humpen – warum macht man denn mit dem Rhein so viel

Musik? Nebenan bläst einer Mundharmonika, seine Stirn ist verschrumpft wie ein ganzes Leben. Und gestern war ich mit einem Mann, was mich ansprach und für was hielt, was ich doch nicht bin. Ich bin es doch noch nicht. Aber überall
5 abends stehen Huren – am Alex so viele, so viele – auf dem Kurfürstendamm und Joachimsthaler und am Friedrichbahnhof und überall. Und sehn gar nicht immer aus wie welche, sie machen so einen unentschlossenen Gang – das ist gar nicht immer das Gesicht, was eine Hure so ausmacht
10 – ich sehe in meinen Spiegel – das ist eine Art von Gehen, wie wenn einem das Herz eingeschlafen ist.
Ging ich langsam an der Gedächtniskirche vorbei, Tauentzienstraße runter, immer so weiter und mit Gleichgültigkeit in meinen Kniekehlen, und da war somit mein Gehen ein
15 Stehenbleiben zwischen einem Weitergehnwollen und einem Zurückgehnwollen, indem ich zu keinem von beiden Lust hatte. Und dann machte an Ecken mein Körper einen Aufenthalt, denn Ecken machen dem Rücken so eine Sehnsucht nach einer Anlehnung an die scharfe Kante, die
20 Ecke heißt, und man möchte sich mal dranlehnen und sie sehr fühlen. Und man läßt sich von dem Licht, was aus mehreren Straßen kommt, ein Gesicht scheinen und sieht auf andere Gesichter und wartet auf einen, das ist wie ein Sport und eine Spannung.
25 Immer ging ich weiter, die Huren stehen an den Ecken und machen ihren Sport, und in mir war eine Maschinenart, die genau ihr Gehen und Stehenbleiben machte. Und dann sprach mich einer an, das war so ein Besserer, ich sagte: »Ich bin nicht ›mein Kind‹ für Sie, ich bin eine Dame.«
30 Und wir unterhielten uns in einem Restaurant, und sollte ich Wein trinken und hätte so gern was gegessen fürs selbe Geld. Aber so sind sie – sie bezahlen ganz gern große Summen für zu trinken und finden sich ausgenützt, wenn sie eine kleine Summe für zu essen bezahlen sollen, weil
35 Essen ja was Notwendiges ist, aber Trinken was Überflüssiges und somit vornehmer. Er hatte Schmisse und wollte eine Verbrecherwelt. Denn er war zu Besuch in Berlin und wollte gerne Gefährliches, um Mut haben zu dürfen.
Ging ich mit dem Schmiß in einen Keller hinterm Nollen-

dorfplatz – und es gähnte eine Leere. Und ein Mittelraum
für zu tanzen und eine ganz trübe Flamme sowie der
Spiegel von einem nebligen Mond in einer Pfütze vom
Hinterhaushof. Und hochgewölbt und kalt und billig. Die
Wände mit Bildern in der Art, wie frühere Menschen   5
Unmoralisches machten. Und einzelne Tische mit Decken
wie sonntags bei Portiersleuten. Mädchen vom Strich mit
Kleidern, die schick waren vor fünf Jahren und länger.
Ganz unmodern und ein gestorbenes Mittelalter wie so
Romane. Und eine Kapelle. Ein Mann macht Stimmung   10
und kriegt jeden Abend eine Mark. Und war im Gefängnis
und vorher Schauspieler. So wie die jungen Helden bei
meinem früheren Theater mit blondem Haar und einer
Farbe im Gesicht, womit sie abends bei Lampen aussehn
wie Babys und am Tag wie so alte kranke Hospitalmänner. 15
Und hatte auch für Zeitungen geschrieben. Und ging in die
Mitte von dem ganz leeren grauen Parkett und hat eine
Tüte aus Zeitungspapier und klebt sie auf seine Nase und
zündet sie oben an. Bom bom bom macht die Kapelle, und
dann geht das Licht aus, wodurch man dann erst merkt,   20
daß überhaupt ein Licht war. Kniet er nieder, auf seiner
Nase ist die Tüte aus Zeitungspapier, die brennt als eine
Flamme – und beugt sich nach hinten, er hat Tiroler Hosen
an.
»Was wollen Sie trinken«, fragt mich der Schmiß – »is ja 25
nichts los hier.«
Es klatscht das Strichmädchen mit der roten Mütze, und es
klatscht ein Echo, die Tüte ist sehr groß, sie brennt
langsam, der Schauspieler schüttelt die Flammen von
seinem Gesicht – O Donna Klara ... spielt die Kapelle,   30
und das ganz dunkle Licht geht wieder an. Herbert heißt
er, ich kenne ihn, vor drei Jahren war er auch noch ein
Elite. Und setzt dann ein ganz kleines idiotisches Hütchen
auf und schneidet Fratzen.
»Geben Sie ihm eine Mark«, sage ich dem Schmiß.   35
»Ein Groschen tut's auch«, sagt er und wirft dem Herbert
einen Sechser zu.
»Wie unangenehm, daß Sie's nicht kleiner hatten«, sagte
ich.

Daraufhin Unterhaltung. Und immer von Erotik. Mal
kriegt man das über. Witze von Erotik, Erzählungen von
Erfahrung in Erotik, Gespräche von strenger Wissenschaft
über Erotik, was dann wirklich ein ganz strenges und
5 fachmännisches Gespräch darstellen soll und darum am
allerunanständigsten werden kann und die allergrößte
Schweinerei ist. Das darf man sich aber nicht anmerken
lassen, denn dann macht solch ein Schmiß ein Lächeln voll
Verachtung: Ach pfui, ich dachte, Sie wären eine Frau, die
10 drübersteht, aber Frauen denken sich immer was bei!

Und gestern nacht schlief ich in einem Taxiauto ein paar
Stunden. Der Chauffeur verlangte nichts dafür. »Ich muß
hier sowieso stehn«, sagt er, »machen Sie es sich nur
bequem, wenn ein Gast kommt, wecke ich Sie, aber es wird
15 keiner kommen bei die Zeiten.«
Ich krümmte mich zusammen und schlief, und er ließ mir
meine Ruhe. Bis es eine Helle ohne Sterne gab, und das
war schon Morgen, aber doch noch eine Nacht. Und die
Helle dunstete in seidenstoffigen weißen Nebeln aus der
20 Erde, worauf ich mich wunderte mit müdem Kopf, wie er
aus so hartem Steinpflaster dringen kann. Der Himmel
bildete gar kein Licht. Mein Rücken tat weh.
»Danke«, habe ich dem Chauffeur gesagt und ihm meine
Hand gegeben, die vom Liegen auf dem Polster ganz
25 stickig warm war und stachlig aufgerauht.
»Mojn«, sagt er und nimmt sie nicht.
Ich ging. Er war ganz abgeschlossen, und ein Danke fand
gar keinen Platz mehr in ihm. Und ich wußte dann, daß das
heißt, Glück zu haben – nämlich einem Menschen zu
30 begegnen in den drei Minuten am Tage, wo er gut ist. Denn
weil ich viel Zeit habe – da rechnet man aus. Und ein Tag
hat 24 Stunden, und die Hälfte davon ist Nacht, bleibt: 12.
Und 12 Stunden sind Minuten 12 mal 60 = 720 Minuten,
und drei Minuten Gutsein zieh ich ab, und 717 Minuten
35 böser allgemeiner Mensch bleibt. Das muß man doch
wissen, wenn man nicht kaputtgemacht werden will. Das ist
doch jedem sein gutes Recht. Ich würde mir furchtbar gern
mal die Haare waschen lassen, dann habe ich Haare wie

eine Indianische. »Deine Haare sind die ewigen Wälder«,
sagte mir da doch mal – ja wer denn? Wälder. Da muß ich
an Blaubeeren denken und kleine Blecheimer. Früher war
Apfelkraut drin. Ach, Karl kommt.

Da hatte ich eben ein Gespräch voller Anregung, nämlich   5
durch Karl. Der ist vielleicht eine ulkige Kruke. Und
pflanzt Salatbeete und Rettiche und schnitzt kleine Pfeifen
und kleine Puppen. Und wohnt in einer Laubenkolonie
und ist ein richtiger Berliner mit ganz frechem Dialekt und
ganz frechem aschigem Haar und sehr gut gelaunt immer.   10
Und war mal Arbeiter in einer Maschinenschlosserei und
ist jetzt arbeitslos und auch jung noch. Und macht lauter
Kleinigkeiten, die trägt er in einem Kasten um den Hals
und auch Rettiche und lauter so Zeug und sagt, er wär' der
laufende Woolworth bei Sonne und Regen. Und verkauft   15
sein Zeug im Westen und trinkt dann manchmal schnell
eine Molle im Wartesaal Zoo.
»Hallo, sibirisches Mädchen«, ruft er mich an – »warum
der Pelz? – komm mit mir, helf mir 'n bißchen, arbeete mit
mir.«   20
Sein Mund hat verdammten Hunger auf eine Frau.
»Was soll ich mit dir arbeiten, Karl?« frag ich.

»Meine Laube hat zwee kleene Zimmer«, sagt er, »und ne
Ziege gibt's, die kannste melken, unser Bett kannste
machen, Fenster kannste putzen, bunten kleenen Puppen   25
die Augen einnähn – komm, Kleene, du bist so niedlich im
Gesichte und auch sonst – willste eene vom Strich werden?
Glaub mir, Kleene, die vafluchtje Konkurrenz unter die,
wo arbeiten wollen, ist verdammt groß, aber jrößer noch ist
die Konkurrenz unter solche, wo nicht arbeiten wollen,   30
unter die Hurenmenscher und solche, wo was werden
wollen ohne Anstrengung und Schweiß – warum willste bei
die größte Konkurrenz gehören?«

Albert verhaftet wegen Einbruch. Tilli mit wegen Beihilfe.
Nachts gesoffen inner Wirtschaft. Und denn renommiert.   35
Und außer Rocktasche guckt die silberne Alpakagabel.
Und hinten sitzt der Bulle. Für soviel Dummheit hab ich

nur Verachtung. Sind das nu richtige Verbrecher? Das sind gar keine richtigen Verbrecher.

An meinem Tisch sitzt der schwule Gustav, sieht aus wie 'n Stückchen gekotztes Elend. Sitzt da und pennt. Kommt ne
5 Streifkontrolle. Ich drücke mich vorher. Den Gustav nehmen sie mit auf die Wache. Sein Kopf schläft weiter im Gehen. Ich versteck mich bei der Klosettfrau.

»Frau Molle«, sag ich, »ich mach's Ihn' wieder gut eines Tages.«
10 »Ich gloob nich, det einer wieder hochkommt, der mal bei's Rutschen ist«, sagt sie und besieht mich mit sturem Blick.

Ich zwing mir eine Unterhaltung ab, ich will nur immer reden, reden und reden – sie hat eine kleine Heizsonne –
15 »Warm habenses hier, Frau Molle«, da sind so weiße lackige Kacheln wie 'n Spiegel für meine Stimme.

»Der Winter ist dies Jahr überhaupt nich kalt«, sagt sie.

»Ja«, sag ich.

Und dann sitz ich wieder und schreib so und dusel vor mich
20 hin. Kommt der Gustav wieder und ist von der Wache losgelassen worden und zurückgetippelt und sinkt inne Ecke und pennt wieder. Und ist so müde, daß er ganz vergißt, schwul zu sein, nämlich bei so viel Hunger und Müdesein wird man normal.
25 »Sitzte immer noch hier?« sagt der Karl, schmeißt mir 'n Helles und ein Paar Würstchen. »Kommste mit mir?« fragt er.

Sag ich: »Nein – ich hab mein Ehrgeiz« – mit den Würstchen im Bauch hab ich wieder mein Ehrgeiz.
30 Sagt er: »Quatsch, Ehrjeiz, wat heißt Ehrjeiz« und rollt mit der Stimme. »Meinste, ich hätt nochen Ehrjeiz? Essen, trinken, schlafen, nettes Mädchen, jute Laune – det is mein Ehrjeiz. Wenn ick det mit meine Arbeit krieg, und wenn ich det mit die ehrlichste Anstrengung krieg, denn is gut.
35 Wenn icks bei die allerehrlichste Anstrengung und Arbeit nich krieg, denn klau ick, denn nehm ick mir zu essen, denn hab ich nur 'n schlechtes Gewissen, wenn ich dußlig genug bin, mir erwischen zu lassen.«

96

Und erzählt mir von Sozialismus. »Schön haben wir's dann wohl auch nich, aber richtige Luft für zu atmen haben wir dann vielleicht, und en Anfang haben wir vielleicht – jetzt haben wir ja doch nur 'n Schlamassel mit em dicken Ende. – Kommste mit? Na, denn nich – kannste mich mal kreuzweise mit deinem Ehrjeiz.«

»Gestreift ist auch ganz schön«, sag ich, »und besten Dank für die Würstchen.«

»Kommste mit in' Klub?« fragt mich der kleine Schanewsky.

Geh ich mit in' Klub hinten beim Alex. Er zahlt mir die Fahrt. Er hat gerade Arbeit. Das ist ein proletarischer Klub. Ist nur der kleine Schanewsky da und vier Mädchen den Abend. Auf der dritten Etage zwei Zimmer, viele Bücher und so gestürzte Buchstaben an den Wänden und in einer jüdischen Sprache.

Ich sprech mit dem Mädchen, das Arbeiterin ist und Else heißt und eine feine Haut hat.

Ich lege meinen Kopf an ihre Schulter. Sie reden zusammen, und ich verstehe von nichts, von nichts. Es sind ungeheure Ereignisse auf der Welt, ich verstehe von gar nichts. So dumm. Aber ihre Stimmen geben mir ein schläfriges Summen, die Schulter von der Else riecht nach Mutter, auf den Tischen liegt weißes Papier, das Licht ist das Licht einer Küche. Mir fallen die Augen, Schanewsky beschenkt mich mit einem Gericht von gemanschter Leber und Zwiebeln – ich schlafe und träume, daß ich esse. Und es summen die Stimmen, und ich denke, ich muß sagen, daß ich nicht politisch bin – man muß immer was sein. Und immer auf die Politik hin. Und immer was andres.

Auf dem Büfett sind runde Apfelsinen und Käse und Fleisch.

Und dann rutscht der Else ihre Schulter mir fort unterm Gesicht, und es wurde ein Krach – Schuhe, lauter Schuhe kamen – die Mädchen schrien und rissen die Fenster auf. Schanewskys Augen sahen ganz sanft aus der Ecke – im Zimmer war ein Gewühl von zehn blonden Windjacken – das sind Feinde von denen und wieder was mit Politik. Und

sie stürzen aufs Büfett und waren in dem Küchenlicht ganz blaß und verhungert und warfen die Apfelsinen runter und fraßen sämtliche Würstchen auf. Und machten müden Lärm. Und schlangen die Würstchen. Und gingen wieder
5 fort. Was bedeutet es alles?

Jeden Tag fängt eigentlich ein neues Jahr an, und heute fängt auf besondere Art ein neues Jahr an, indem Silvester ist. Es wird dann Punsch getrunken. Bleigießen ist ja glatter Tinnef, aber es betrübt doch mein Herz, ohne was
10 Buntes zu sein heute und ohne Wärme und alles. Bars klappt nicht. Ich werde in Lokale gehn, Blumen verkaufen – morgen. Ein Kapital muß ich haben, um Blumen erst zu kaufen. Bitte, ich werde mich einmal ansprechen lassen mit allem, was zugehört, und bezahlen. Einmal und nicht
15 wieder. Und möcht auch mal wieder so furchtbar gern ins Kino.

»Willst du mitkommen?«
»Ja.«
Und hat eine Stimme wie dunkelgrünes Moos. Aber was
20 besagt das schon? Weiß ich, wie Lustmörder reden, weiß ich, wie solche reden, die ich mich schäme aufs Papier zu geben? Ein großes Tier von Omnibus rannte und hatte einen Konfettifaden an sich runterhängen. War ich doch mal neugierig, die Augen von dem grünen Moos zu sehn –
25 das war Silvester und der Boden so glitschig naß. Und seit drei Minuten 1932.
Denn das ist nämlich die Hauptsache bei einem neuen Jahr: man muß auf einem Büro die Briefe mit einer neuen Zahl schreiben, was sich für vier Wochen lang leicht
30 vergißt.
»Armer Gigolo, schöner Gigolo«, sang das grüne Moos.
»Wieso?« frag ich.
»Meine Frau ist mit einem durchgebrannt.«
»Berlin ist eine große Stadt, in der viel passiert«, sag ich,
35 denn man muß was sagen bei seelischen Geständnissen von Männern, trotzdem es garantiert immer falsch ist, und darum ist ganz egal was. Und sitze jetzt in geborgener Wohnung.

98

»Ihre Frau kommt wieder«, sag ich – »bei dem Pech, was ich hab.«

Wir gehn auf der Straße. Ich seh dem Moos seine Augen – nette blaue Farbe, so waschecht.

»Jawoll, ich komm mit.« Zehn Mark – um zehn Mark werd ich ihn bitten. Und hat eine Unterlippe wie 'n verheultes sinnliches Baby. Gott, man ist ja so schnell gerührt bei so Kerls.

»Sie sind auf der Durchreise?« fragt er. Dämliches Luder. Nu ja, bin ich eben auf der Durchreise. Einen Koffer hab ich in der Hand – echt Vulkanfiber – einen Koffer mit meinen Bemberghemden und so Zeug, mit meinen sauer verdienten Berliner Sachen. Der – wenn der türmt mit meinem Koffer – an' Hals spring ich ihm und beiß ihm den Kopf ab.

»Ich bin so allein«, sagt er. Das sind sie alle. Wenn schon.

»Ich weiß nicht wohin«, sagte ich auf der Tauentzien und knickste mit den Knien ein aus Hunger und Absicht.

»Hallo, nanu, kommen Sie mit mir!« Bitte sehr, grünes Moos. Und rauf innen Omnibus – noch nicht mal 'n Taxi? »Armes kleines Mädchen«, sagt er. Kommt doch oben auf dem Bus so ein Mitleid über mich, daß ich mir eine Ostsee heule. Verdammt. Wohin fahren wir denn? Zu mir.

Im Badezimmer steht eine Waage, ich wiege 97 Pfund. Im Hals hab ich Salzfässer – wenn vollschlank wirklich modern wird, bin ich glatt aufgeschmissen. Ein blödsinniges Kratzen war mir im Hals. Husten auch. – Und es war mir die Wohnung eines Sommers.

Es ist erst immer so 'n komisches Gefühl, vor einer Tür zu stehn, wenn ein andrer aufschließt und in einem fremden Treppenhaus. Der Marmor riecht so kalt und mag mich nicht. Und der richtige Einwohner drückt das Licht auf dem Knopf an, indem er genau weiß, wo er ist – das gibt ihm Überlegenheit. Und man fährt in einem kleinen Zimmer, das ist ein Lift – so schweinige Spiegel an den Seiten – bin ich wirklich so häßlich? Und man geniert sich, denn nie ist man vornehm genug – mir war das aber fast ganz egal. Er hat einen Mantel von dickem grauem Stoff, was Ulster heißt. Ulster sind immer grau. Ich denke mir, Lustmörder tragen Windjacken. Dann kommt das Halten des Lifts mit einem Anflug von Lust, sich zu übergeben. Und dann hat man eine Hochachtung zu einem Menschen, der ein Schlüsselbund hat, das macht ein klirrendes Geraschel und ist ein Geheimnis von vielen Schlüsseln, nur einer kennt es. Und da steht man machtlos. Es hat den Scheitel so artig und mit einer blonden Farbe, was vollständig unaufregend ist.

»Bitte sehr«, sagt er, und ich trete vor ihm ein. Ganz modern alles. Und nicht so reiche Eichen wie bei den Großindustrien.

»Ich bin sehr froh, daß Sie hier sind, ich meine, daß überhaupt jemand hier ist, mein Erlebtes ist nämlich für andere komisch und für mich gar nicht komisch, das trennt mich so von andern.«

»Ja, ja«, sag ich.

»Und nun wollen Sie etwas bleiben, Fräulein – –?«

»Doris«, sag ich.

»Fräulein Doris«, sagt er.

Hat da 'ne Wohnung mit Korkteppich, drei Zimmer mit Bad, einen Gummibaum und ein Diwan so breit mit seidiger Decke und so feine stahlene Zahnarztlampen – hat er alles, und heult in seinem Bauch über 'ne ausgerückte Frau. Gibt doch so viele. Hat da 'n lackiertes Bett, so ganz flach, und kleine Nachttische wie japanische Kochkisten und Ringe um die Augen wegen ner Frau. Und laufen vom Alex bis zur Gedächtniskirche und von der Tauentzien bis zur Friedrichstraße in ganzen Horden, und sind hübsche drunter und schicke drunter. Junge auch. Und laufen Männer rum in Haufen – soll ich mir drum Gedanken machen, wenn ich zu essen hab, wieso ich den krieg und den nicht? Kommt ja doch alles auf eins raus – die Unikumme, was außergewöhnliche Taube und Lahme und Sadisten sind, nehme ich aus. Herr, Sie Idiot, was eine hat, hat auch ne andre! Und durfte drei Riesenapfelsinen essen.

So 'n Waschlappen – »kalte Hände«? Na ja, wovon sollen sie warm sein? – Nein, bitte, er soll meine Hände loslassen

– das ist mir eklig, so 'ne Stimme wie Moos und so 'n sanftes Getue mit meinen Händen.

»Müde, kleines Mädchen – müde, arme kleine Frau, Schweres erlebt, ja? Nicht mehr traurig sein jetzt – wollen Sie mir erzählen? Wie alt sind Sie?« 5

»Achtzehn.« Erzählen? Nein, ich will nicht erzählen, keinen Ton will ich erzählen.

»Warum denn so große traurige Augen?« Immer so 'ne Stimme wie Moos – so 'n sanftes Gewächs – Gotte doch nö – wenn er sich weiter so um mich bemüht, tret ich gegens 10 Schienbein. Er ist mir ekelhaft, er widert mich an – es ekelt mich, daß er so gut zu mir ist, ich habe eine starke Lust, ein ganz gemeines Wort zu sagen.

»Wir gehen schlafen.«

Na schön, gehen wir schlafen. Ich geh ins Badezimmer. Ich 15 zieh mich aus. Ein großer Spiegel. Bin ich das? Jawohl, das bin ich. Mein linkes Bein ist dicker als mein rechtes. Fleisch ist nicht an mir, und meine Haut ist gelb und so schrecklich müde. Wie eine ausgehungerte Ziege. Mein Gesicht so klein wie 'n normaler Tassenkopf und zerquetscht und am 20 Kinn so 'n kleiner Pickel – so was will ein Glanz werden – so was will – ist ja zum Lachen. Ich beiße vor Wut in die Badewanne. Fettige Haare, ganz vermurkst – ein, zwei, drei Rippen – so Hüftknochen – Gott, so sieht ein totes Skelett aus – da können Sie lernen, meine Herren, da 25 können Sie lernen. Und dabei soll man noch sinnlich sein. Zum Brechen ist mir. Und zehn Mark muß er mir geben, lieber Gott, zehn Mark muß er mir geben, ich will ihn nur einmal, er ist mir so widerlich, ich will ihn nicht – zehn Mark, dann geh ich Blumen verkaufen, dann – einen 30 Creme kauf ich mir auch noch – fürs Gesicht – ich – wenn ich noch länger in' Spiegel seh, geh ich im Preis runter. Schluß. Wo ist mein Nachthemd aus Bembergseide? Zehn Mark.

»Ich habe Ihnen ein Bett auf dem Diwan gemacht.« 35

Auch gut. Bett oder Diwan – ist ja egal. Und vielleicht brauch ich nicht gleich hinterher fort und kann bleiben bis morgen – aber er muß mir dann aus den Augen, ich will ihn nicht neben mir haben hinterher – du ekelhaftes weiches

Froschtier. Streicht mir übers Haar – bitte nicht – ach bitte
nicht, ich kann kein Mann, ich will kein Mann – zehn
Mark! – und in meinem Hals ist so ein Brüllen. »Lassen Sie
das doch mit dem Streichen über mein Haar, ich vertrage
5 das nicht« – jetzt auch noch gut sein zu mir, das ist die
größte Gemeinheit.
»Bitte, ich bin so müde«, sag ich. Ein Bett. Für richtig lang
zu liegen.
»Gute Nacht«, sagt er, »schlafen Sie schön.«
10 Und weg ist er! Und kommt auch nicht wieder. Erst
wundre ich mich, dann schäme ich mich. Dann denke ich:
nanu – und wer weiß, was da nun für eine besondere
Schweinerei hintersteckt. Aber mir soll's ja recht sein.
Dann schlaf ich ein. Und interessant geträumt, aber leider
15 vergessen was. Und habe bis heute fast nur geschlafen, und
fast gar nichts gegessen, immer nur geschlafen. Und weiß
auch nicht mehr viel von Worten, die passierten, sondern
nur von meinem Schlaf.

»Ich hab Kaffee gemacht«, sagt er heute morgen um acht,
20 »ich geh jetzt aufs Büro, schlafen Sie nur aus, um sechs
komm ich wieder, werden Sie dann noch dasein?«
»Ja.«
»In der Speisekammer steht was zu essen, Sie können sich
nehmen, was Sie wollen.«
25 »Ja.«
Ja, ich werd dasein, wo soll ich denn sonst sein? Aber ich
habe eine Wut – du blödsinniges Moos du, entpuppen wirst
du dich schon.
»Würden Sie mir vielleicht ein paar Zigaretten dalassen?«
30 frag ich.
»Ich lasse die Schachtel auf dem Kaffeetisch liegen.« Sieh
mal an – welche zu sechs – na, von mir aus! Wenn er's dazu
hat. Und rauch bis Mittag alle zehn.

Fragte ich: »Sagen Sie mal, Sie kennen mich nicht, Sie
35 lassen mich hier allein den ganzen Tag, die ganze Wohnung
könnte ich doch ausräumen und alles fortnehmen.«
Sieht er mich so an: »Erstens wäre es mir egal, und dann

tun Sie's ja doch nicht.« Natürlich tu ich's nicht – aber
wieso egal?
»Sie brauchen es sich wohl nicht sauer verdienen, was?«
»Doch«, sagt er.
»Was arbeiten Sie denn?«   5
Zeichnungen für Reklame macht er. Und geht fort morgens um acht und kommt wieder um sechs oder sieben.
Sein Gesicht hat dann lederne Falten und unter den Augen
ein graues Blau. Und 37 Jahre. Doch noch ziemlich jung
also für einen Mann.   10
Ich bin immer müde, ich schlafe immerzu und immer noch
nicht genug. Meine Arme hängen ganz lahm, ich habe Lust
zu nichts. Und habe gar keine Sehnsucht – auf Geld nicht,
auf meine Mutter nicht, auf Therese nicht. Ich stehe aus
meinem Bett auf, da steht der Kaffee. Er hat die Haube   15
darüber getan, die ist bunt und gehäkelt und hat viel von
besserer Familie. Es ist zwölf Uhr und der Kaffee lau, und
es sind Brötchen da und gute Butter und klebender Honig.
Ich esse ganz wenig. Manchmal wachen meine Augen auf,
dann ist morgens acht, und dann geht er hin und her, und 20
dann sitzt er am Kaffeetisch mir gegenüber. »Schlafen Sie
ruhig weiter«, sagt er.
Ich schlafe weiter. Und dann ist zwölf, und dann bade ich,
aber nicht wegen Vornehmheit, sondern weil ich ja nicht
immer im Bett liegen kann, und da ist die warme Bade-   25
wanne mein nächstes Bett. Und dann bewege ich meine
Füße in das Zimmer mit Schreibtisch, und da sitze ich und
schreibe etwas, und dann setz ich mich auf die kleine
Chaiselongue, und auf einmal liege ich da wieder und
schlafe wieder ein. Und dann kommt er. Und macht die   30
Wohnung in Ordnung und sagt kein Ton – ich sollte das
vielleicht, aber mir ist so egal, wenn er mich rauswirft.
Dann leg ich mich auf die Straße und schlaf da weiter.
Dann sitzen wir, und es ist Essen da und Brot und so
Schinken. Dann trinkt er Kognak. Ich mag nicht.   35
»Warum lassen Sie mich hier sein?« frag ich.
»Weil ich eine Angst habe, nach Hause zu kommen, und
keiner ist da und atmet – bleiben Sie doch bitte noch hier.«
So was Verrücktes – bittet mich noch.

Gestern abend fragt er mich so von mir. Was soll ich denn sagen? Ich weiß über mich jetzt gar keine Worte.

Das war mir doch unheimlich alles. Ich trinke drei Kognaks, und dann mach ich das Radio an – es kommt
5 fremdes Rom und Musik. Und an der Wand gegenüber ein schwarzweißes Bild – so von der Seite aus. Und die Wand ist gelb wie nachmittags August. Das Bild bewegt sich. Von Kork ein Teppich und kleiner Balkon. Das gibt gleich so ein Frieren, wenn man auf so einen Balkon sieht, und es ist
10 Winter – und eine Freude, daß man so warm in einer sommerhaften Wohnung sitzt.
»Wollen Sie nicht mal spazierengehen, wollen Sie nicht mal ins Kino gehen, was machen Sie denn den ganzen Tag?«
15 »Schlafen.«
»Noch immer so müde, Fräulein Doris?«
»Ja.«
»Sind Sie krank?«
»Nein.«
20 »Sie müssen mehr essen, Sie müssen an die frische Luft!«
»Ja.«
»Warum lachen Sie gar nicht, haben Sie einen Kummer, ist man böse zu Ihnen gewesen?« Das Bild wackelt.
»Herr«, sage ich und stehe auf, »Sie lassen mich hier
25 schlafen, Sie lassen mich alles ohne weiteres essen und tun eine gehäkelte Haube über die Kaffeekanne jeden Morgen und immer Schachteln von Zigaretten zu sechs – Sie haben einen Anspruch auf mich – wenn Sie – wenn, wenn – Sie wollen – also bitte doch dann« – sagt er was? – »ich meine,
30 daß ich auf eine Art doch bezahlen muß.«
»Wenn Sie Lust haben, Fräulein Doris, dann können Sie morgen ja mal die Betten machen und bißchen Ordnung in der Wohnung.«

Ob ich so häßlich bin, daß er mich nicht will?

35 Allein spazierengehen ist furchtbar langweilig. Aber ich habe jetzt Hunger. Und Geschirr abgewaschen und Tisch

104

gedeckt. Aber sein Bett mache ich nicht, es ist mir eklig,
sein Schlafzimmer ist mir eklig.

Legt mir da zehn Mark neben die Kaffeetasse. Ob ich
damit jetzt fortgehn soll? Ob das die Bedeutung hat? Ob
ich jetzt gehen muß? Sagt keinen Ton, legt einfach hin. Ich   5
verstehe überhaupt nichts bei dem. Mich widert das an
geradezu, immer so leise gehen und sanft reden und nie
vernünftig. Und geh einfach jetzt Kalbskoteletts kaufen,
die brat ich für abends, und Rosenkohl, daß er mal was
Warmes in seinen Bauch kriegt.   10
»Sie sind ja kein Mann«, werde ich ihm sagen – »Sie
müssen Fleisch essen so richtig mit Zähnen, und Sie sind
eine alberne Pflanze, so wird man, wenn man kein Fleisch
ißt.«

Jetzt murkst er da nebenan in seinem Zimmer. Aber   15
nehmen Sie doch Donnerwetter bitte den Knochen in die
Hand, wollt ich ihm sagen – wo wir doch unter uns sind.
Und ein vornehmer Kavalier ist ja schön, aber das ist ja
keine Art eines Kavaliers bei Ihnen, es ist die Art einer
Pflanze.   20
»Liebe kleine Doris, ich danke Ihnen.«
Wofür bitte, Sie blödsinniger Stangenspargel? Sie – lassen
Sie solches Gerede bitte sehr. Und kann doch den Knochen
in die Hand nehmen. Kann er doch. Immer so weiß
gewaschene Hände – mal müssen so Hände doch auch   25
dreckig sein. Und ich hätte Lust, ihm einen Fingernagel
abzubrechen.
»Bitte sehr, ich kann Maschine, Sie können mir Ihre Briefe
diktieren«, sage ich ihm, und da diktiert er mir.
Ich habe auf den Tisch Blumen gestellt, weil es doch nett   30
aussieht. Aber da wird er wieder sagen: hach, aber liebe kleine Doris! und sich anstellen wie ein weichgekochter Stangenspargel. Ich werfe die Blumen jetzt lieber aus dem Fenster.
Sagt er mir doch gestern: »Kleine Doris, Sie sind von zu
Hause fortgelaufen, glaube ich – wir wollen an Ihre Eltern   35
schreiben, die sorgen sich sicher – Sie dummes Kind, haben
Sie denn eine Ahnung, was Ihnen hier alles in Berlin hätte
passieren können?«

»Haben Sie eine Ahnung, was mir schon alles passiert ist!«
sagt es in meinem Bauch, also mit meinem Mund nicht.
Hält er mich also für eine Unschuldige. Was mir eine
Erklärung gibt. Denn Hubert war ja auch erst dagegen –
5 wegen der Verantwortung. Macht denn so was wirklich
soviel aus?

Trinkt er Kognak und sagt mir: »Frauen laufen wohl immer
mal fort, ja? Frauen können es wohl auf einmal nicht mehr
aushalten, was? Meine Frau –« und erzählt mir von seiner
10 Frau. Und daran merke ich, er hält mich wirklich für eine
Unschuldige und bessere Familie. Ich spreche ja doch auch
wenig und gebildet. »Ich bin müde«, sage ich – welche
Gebildete sagt dieses anders? »Danke«, sag ich, »bitte«,
sag ich – welche Gebildete macht einen Unterschied von
15 mir in diesen Worten? Und so denkt er mich zu etwas
Kolossalem, denn sonst könnte er nicht mit mir reden von
seiner geheirateten Frau. So einer ist er. Eine Pflanze. Und
zeigt mir ihr Bild. Daß sie hübsch ist, ärgert mich schwarz.
Blond. Was heißt blond? Wo er selber doch blond ist, sollte
20 er doch mehr auf Schwarze aussein.

»Sie hat ein so süßes Gesicht.«

»Wie alt ist sie?« frag ich.

»Siebenundzwanzig.« So eine alte Ziege. »Können Sie sich
denken, Fräulein Doris, daß sie einen Verstand hatte, der
25 wie ein richtiger fester Frauenkörper war? Sie war so
ehrlich – und das war, als wenn sie sich auszog, und man
mußte sie liebhaben dann. Und ihre Lügen, das waren so
ganz leichte bunte Stoffe, den Körper sah man durch – ihre
Lügen waren auch ehrlich, man mußte ihre Lügen lieb-
30 haben –«

Warum hat denn das Schwein kein Hemd angezogen unter
den leichten Stoffen, denke ich mir – und überhaupt redet
er wie die Romane von den Eliten, und das ist eigentlich
vollkommen dasselbe, ob ein Mann nun Romane schreibt
35 oder verliebt ist.

»Sehen Sie, da ist man fort von morgens bis abends, sie
wartet auf mich – sie hat getanzt früher – so viele Einfälle
hatte sie in der Bewegung. Da geht sie denn fort nachmittags – ich sage: gehe nur fort, tue nur alles, was dir Spaß

106

macht, tanze nur, mein Liebling, hier hast du Geld, geh nur zu den Tees. Da ist denn ein junger armer Gigolo, schöner Gigolo, welcher es naturmäßig nicht immer war. Ist gekommen. Früher Schauspieler. Früher Ingenieur. Und künstlerisch und sie auch. Und enormen Ehrgeiz. Und er behandelt sie schlecht.«

»Da liegt der Witz«, sag ich, »so eine sanfte Art von sie nicht zu wollen und dann noch gut behandeln, das geht über die Kraft von einer Frau.«

Er hat sie immer geschont, sagt er. Gibt es eine Frau, die Schonung mitmacht, monatelang? Übel wird einem von –
»und ich wär' Ihnen auch fortgelaufen«, sag ich.

«So«, sagt er und schlägt mir so blaue fragende Augen auf –
»und ich verstehe ja nichts von Frauen, ich –«

Das hat mich denn wieder gerührt, so ganz entgegengesetzt von meinem Willen. Ellbogen mit grauem Anzug auf den Tisch gestützt, Haare so blond, wie eben Männer mittelblond sind, nämlich nicht richtig blond. Und Musik aus Rom und Lederhaut und zwei schwarzgefärbte Zahnbürsten – das sind seine Augenbrauen. Und davor ein Porzellan mit Mandarinen, das sind vereinfachte Apfelsinen – nicht so sauer und leichter abzupellen. Natürlich hat er Mandarinen, alles macht er sich bequem.

»Essen Sie Apfelsinen«, schrei ich ihn an. Aber Mandarinen sind leichter. Musik aus Radio. Schläft er jetzt? Trägt er wohl Pyjamas aus Flanell und gestreift? Ausgerückt ist sie.

»Immer hab ich meine Pflicht getan«, sagt er. Als wenn's damit getan wäre. Groß und lang ist er. Hat er wohl einen sehr mageren Rücken? Gänseschmalz sollte er essen. Gänseschmalz.

Ich wußte zufällig einen Witz, der nicht unanständig war. Lachen Sie doch bitte mal, grünes Moos, mal muß doch ein Mensch lachen – oder?

»Wie Sie das erzählen können«, sagt er.

»Ich war auf dem Wege zur Bühne«, sage ich.

»Meine Frau wollte tanzen bei Charell«, sagt er.

»Den kenn ich persönlich«, sag ich. Hinterher fällt mir ein: ist ja gar nicht wahr.

»Bitte geben Sie mir etwas Geld.« Er gibt mir.
»Brauchen Sie einen Samtstoff? Meine Frau hatte oft
Kleider aus blauem Samt –«
Ich habe eine Gans gekauft.
5 »Isse frisch, riechtse nich?« frag ich.
»Wennse man immer so riechen wie det Tier, könnse von
Glück sagen«, meckert die Frau auf dem Markt mit
schwarzem Stoff um den Hals.
»Lassen Sie meine Gerüche aus dem Spiel beim Geschäft«,
10 gebe ich ihr zu verstehen.
Und habe eine Gans gebraten. Für Sonntag und eigenhän-
dig. Und Gänseschmalz ist gut für die Rückennerven, hat
meine Mutter gesagt.
»Gestatten Sie«, sagt er vornehm und nimmt ein Bein in
15 die Hand.
»Wenn's Ihnen nur schmeckt«, sage ich.
Etwas Brust habe ich mir auch genommen. Und wir haben
auch für die nächsten Tage noch genug dran. Ich glaube, es
hat ihm geschmeckt. Fängt er wieder an: das von seiner
20 Frau und soo lange Beine hatte sie und man mußte immer
in Angst um sie sein. Na, wenn schon. Ich habe ein
Metermaß gekauft. Wie lang Beine wohl sein müssen?
Ernst heißt er. Ist ja zum Lachen. Ernst. Man stelle sich
vor … Warum lächelst du, Mona Lisa? –
25 »Schönes Lied, ja?« frag ich, um die vornehme Konversa-
tion für nach Tisch zu machen.
»Meine Frau liebte Tschaikowsky«, sagt er.
»So – ich kannte mal einen, der hieß Rannowsky, wissen
Sie, es hat einen Haken, wo kowsky aufhören – da war eine
30 Hulla –«
»Was wissen Sie vom Leben«, sagt er. Genug. Man denkt
seine Antworten und spricht sie nicht. Kommt auf eins
raus, kapiert ja doch keiner.
»Sehen Sie das Kissen? Meine Frau hat es gestickt.«
35 Jawohl, ich sehe das Kissen, bei Vierpfennig-Zigaretten
liegen gratis in den Schachteln so gestickte Blumen – wenn
man raucht, braucht man nicht sticken, wie? Und erzählt
mir so Komisches und immer von seiner Frau, und es wäre
so eine Zeit heute, da wird alles zerstört und zerrissen, und

108

wer ehrlich sein will, muß schon sagen, daß er sich nicht
mehr zurechtfindet, und auch gerade ein Gebildeter kann
sich gar nichts mehr aufbauen, und alles ist unsicher. Die
ganze Welt wäre unsicher und das Leben und die Zukunft
und was man früher geglaubt hat und was man jetzt glaubt,   5
und die Arbeit macht nicht mehr so richtige Freude, weil
man in sich immer so eine Art von schlechtem Gewissen
hat, weil doch so viele gar keine Arbeit haben. Und da
hätte denn so ein Mann eben nur seine Frau und wäre sehr
angewiesen auf sie, weil er doch an etwas Wirkliches   10
glauben will, und das ist die Liebe zu seiner Frau – und
dann will die die ganze Liebe gar nicht, und dadurch hat
man dann überhaupt keinen Wert mehr. Und weil man
doch eigentlich für die ganzen Menschen heute nur eine
Last ist – da braucht man doch den einen einzigen so sehr,   15
für den man eine Freude ist. Und dann ist man dem auf
einmal keine Freude. Und es ist eine versinkende Zeit der
Vornehmen, und in einer versinkenden und so zerrütteten
Zeit sinken die Frauen zuerst, und der Mann wird von
dem Gesetz gehalten und hält die Frau mit – und wenn   20
dann das ganze menschliche Gesetz kaputtgeht, dann hat
der Mann keinen Halt mehr, aber das merkt man nicht so,
weil er ja nie einen hatte in moralischer Beziehung – und
was zuerst fällt, so daß alle es sehen, das ist immer die
Frau.   25
Und ich merke mir alle seine Worte, ich möchte auch
darüber nachdenken, aber ich habe doch nicht das richtige
Verstehen. Ich wollte erst ein Symbol machen hin und
wieder wie bei den Eltern, aber dann sagte ich denn nur:
»Ja, es gibt heutzutage sehr viele Huren«, aber ich weiß ja   30
nicht, ob es mehr sind als früher und was sie alle mit der
Zeit immer haben. Wenn man ein kleines Kind ist und
gerade hören kann, dann hört man immer von so schreckli-
cher Zeit und was soll nur werden. Und wenn ich an die
Zeit denke, dann muß ich nur denken, daß ich mal alt   35
werde und häßlich und schrumplig, aber das kann ich ja gar
nicht glauben – aber das ist mir das einzige Schreckliche an
der Zeit.
Und: »Meine Frau konnte singen, so ganz hoch und hell.«

Sing ich – – – das ist die Liebe der Matrosen – wunderbar-
stes Lied, was man hat.
»Schubert«, sagt er. Wieso? »Gesungen hat sie, wie
Schubert komponiert hat.« Das ist die Liebe der Matrosen
5 – ist vielleicht ein Dreck, so 'n Lied, was? Was heißt
Schubert, was besagt er? Das ist die Lie... – aus dem
Leben gegriffen ist das – wie meine Mutter bei richtigen
Kinostücken sagt.

Und habe sein Bett gemacht.

10 Auf dem Nachttisch wie Kochkiste auf japanisch Bücher.
Baudelaire. Sicher französisch. Aber auf deutsch. – Lesbos, du Insel der heißen erschlaffenden Nächte ... da weiß
ich doch Bescheid, da geht mir doch was auf – ist doch glatt
unanständig. Erschlaffende Nächte! Lesbos! Da ist man
15 doch genug aufgeklärt von Männern und von Berlin
auch.
Da gibt es Lokale, da sitzen so Weiber mit steifem Kragen
und Schlips und sind furchtbar stolz, daß sie pervers sind,
als wenn so was nicht eine Gabe wäre, für die keiner was
20 kann. Ich habe immer zu Therese gesagt: es freut mich, daß
ich so geschnittene große Augen habe mit Blick, aber das
ist mir gegeben, und darum bilde ich mir nichts darauf ein.
Die Perversen bilden sich aber was ein. In der Marburger
Straße ist auch so 'n Ding. Manche Männer mögen das ja.
25 Ist er so? Ich nicht. Und den Van der Velde habe ich auch
gar nicht gern lesen mögen, als mir Therese das Buch gab.
Geschrieben ist so was glatt Sauerei.
Lesbos, du Insel – Bilder sind ja Gott sei Dank nicht
dabei.
30 Eine Flasche Lavendel auf dem Nachttisch. So ein ganz
stilles unbewegtes Laken. Liegt er denn so ruhig? Und so
saubere Handtücher und Zahnpasta. Würde es mich wohl
anwidern, mir mit seiner Zahnbürste die Zähne zu
putzen?
35 Was koche ich denn heute? Wir haben allerdings noch
Gans. Die muß sich rentieren. Man muß rationell wirt-
schaften. Als Nachtisch mache ich Bratäpfel und eine

110

Würfelsuppe vorher. Die Löffel zur Suppe sind echt.
Haben Stempel.
Ich hantiere mit dem Staubsauger – sssssss – ich bin ein
Gewitter. Aus Versehen mache ich das Bild von der Frau
mal eben kaputt. Sie hätten so viele gemeinsame Worte 5
gehabt, sagt er – und es gibt da so kleine zärtliche
Erinnerungen, ganz belanglos an und für sich. Sag ich: »Sie
ist fort, und Sie müssen Ihren Sinn jetzt auf anderes
lenken.«
Sagt er: »Nichts macht mir mehr Freude, für wen lebe ich, 10
für wen arbeite ich?«
»Ihnen ist wohl noch nie richtig schlecht gegangen,
was?«
»Doch, auch schon«, sagt er. Na, ich will nicht erst fragen,
was er unter Schlechtgehn versteht. Gibt welche, die 15
weinen vor Mitleid Tränen über sich, wenn sie mal zufällig
um drei noch kein warmes Mittagessen hatten.

Ich mache einen Versuch. »Was schreiben Sie immer?«
fragt er.
»Ich mache eine Aufzeichnung von meinen Erfah- 20
rungen.«
»So.« Kein Wort mehr. Könnte doch ruhig mehr fragen.
Wie er seine Frau kennenlernte, erzählt er, und daß sie so
furchtbaren Ehrgeiz hat und eine ganz große Welt wollte
und ihre Kunst, und von Tag zu Tag ist sie unruhiger 25
geworden und verrückter und wahnsinnige Angst, älter zu
werden und dann nichts gewesen zu sein als Frau von
einem Mann in einer kleinen Wohnung. Und keine Selbständigkeit und kein Schaffen. Und einen Abend waren sie
beide bei einer spanischen Argentina, die tanzte, da ist sie 30
vor neidischer Sehnsucht drei Tage krank geworden und
mußte zu Bett liegen. Und zuerst wollte sie ihn gar nicht,
weil's ihr so schlecht ging, und sie wollte aus eigener Kraft
und Selbständigkeit. Schönes Theater wird sie ihm vorge-
macht haben. So 'n Mann glaubt ja alles. Dem was 35
vorlügen macht gar keinen Spaß – der glaubt ja alles ohne
weiteres. Ich brauche da ganz andere, der ist mir zu leicht –
wo ich doch mein Lügen künstlerisch entwickelt habe. Er

fragt mich auch gar nichts mehr. Aber daß ich gründlich
saubergemacht habe, hat er gesehen. Morgen wasch ich die
Gardinen wegen dem vielen Rauch.

»Herr Schlappweißer«, sage ich zu dem Mann auf der
5 Straße – »zwei vollfette Bücklinge bitte – mit Rogen«, den
verarbeit ich zu Kaviar. Kaviar regt an. Ungeheure Bücklinge hat dieser Mann auf der Straße und auch sonst ein
reizender Mensch.
»Junge Frau, es beste vom besten, prima, prima, wird dem
10 Herrn Gemahl schmecken.« Seine Mutter hat offene
Beine, hat er mir mal erzählt.
»Wie geht's Ihrer Frau Mutter, Herr Schlappweißer?«
»Danke der Nachfrage, gnädige Frau.«
»Geschäft geht auch gut? Oder leiden Sie sehr unter der
15 Notverordnung?«
»Na, die Zeiten sind ja man besch–«
»Geben Sie mir bitte noch eine Flunder«, falle ich ihm in
ein Wort, was mir widerstrebt anzuhören.
Geh ich mit meinem Feh und geräucherten Tieren, zwei
20 davon mit Kaviar im Bauch, so die Kaiserallee runter,
spricht mich wahrhaftig einer an – »Sie irren sich ganz
enorm in mir«, sag ich. Kein Wort mehr. Mit einer
fürstlichen Handbewegung schneid ich alles Weitere ab.
Übrigens muß ich unbedingt morgen seine schwarzen
25 Schuhe fortbringen.
Und da machte ich also einen Versuch. Ich legte mein Heft
auf den Kaffeetisch und stelle mich schlafend um acht.
Guckt er drauf – mein Blut rauscht mir in den Knien –, und
da schiebt er es zur Seite und sieht es nicht mehr an.
30 Ungeheuer zivilisiert finde ich das. Vielleicht fehlt ihm
aber auch einfach nur jegliche Interessierung?
»Sie sind so lieb, Fräulein Doris, wie habe ich es verdient,
kann ich etwas für Sie tun, haben Sie einen Wunsch, den
ich erfüllen kann?« Aber ich habe ja alles.
35 »Sie sehen recht angegriffen aus«, sage ich ihm, »heute
wird um zehn schlafen gegangen.«
»Hach, ich schlaf ja doch nicht«, stöhnt er.
Werd ich aber wütend. »Bilden Sie sich keine Schwachhei-

112

ten ein, welche Lügerei ist das, keine Nacht schlafen können wegen furchtbaren Kummer und so, wo ich Sie jede Nacht deutlich nebenan schnarchen höre.« Ich möchte ihm mein Buch geben – ich will ein richtiger Mensch sein – er soll mein Buch lesen – ich arbeite ihm, ich koche ihm, ich bin doch Doris – Doris ist doch kein Dreck. Ich will gar keine Unschuldige sein, ich will richtig als Doris hier sein und nicht als so alberne zivilisierte Einbildung vom grünen Moos.

Fünf Pfund zugenommen. Langsam erstehen wieder meine Reize.

Er streicht mich gar nicht mehr übern Kopf.
Ich habe sehr zu tun, ich führe den ganzen Haushalt. Und dann müssen wir frische Luft haben und gehen eine Stunde spazieren nebeneinander und nach dem Essen. Es sind Abende, und die Haustüren sind alle nicht mehr auf. Es sind einzelne Sterne, und in meinem Bauch ist eine Ruhe. Leute führten in vornehmen Straßen ihre Hunde an die Bäume. Es ist sehr schön. Wir sprechen Gespräche. Manchmal auch nichts, und das ist am besten. Ich habe dann Minuten ohne Mühe. Er haßt den Krieg. Ich erzähle ihm von der bunten Kette mit sinnvollen Farben, die einer mir schenkte, den hatten sie blind geschossen und alt gemacht. Und dafür erzählt er mir von einem kleinen Granatsplitter in seiner Schulter, der wandert. »Fühlen Sie – hier« – und legt meine Hand auf sein Hemd unter einem großen Baum ohne Blätter. Es war sehr interessant. »Tut es weh?« äußerte ich mich dazu. »Nein.«
Und es sind Alte mit Streichhölzern und Schnürsenkeln – viele, viele, viele – auf der Straße überall Huren, junge Männer und sehr verhungerte Stimmen. Wir geben immer jedem zehn Pfennig, das ist so wenig, und es vergeht mir manchmal, auf eine laute Art glücklich zu sein. Und dann gehen wir nach Hause. Manchmal hat man eine Lust, eine Laterne zu streicheln.
»Geben Sie acht«, sagt er – »da ist eine Stufe.«
»Machen Sie den Mund zu an dieser Ecke, denn es zieht«, sag ich.

Und ich koche morgens jetzt den Kaffee, ich stehe dann auch auf. Es war nur eben so nett, daß er mir immer die gehäkelte Haube hatte über die Kanne getan. Ich sehe auf die Uhr – mal hatte ich eine von Gustav Mooskopf, die ist verfallen – ich brauche auch gar keine. Ich will aber, er soll wissen von mir. Mein Buch geb ich ihm morgen.

Morgens putzt er seine Schuhe in der Küche, da hat er meine Schuhe immer mitgeputzt. Hat er denn seine Frau so liebgehabt? Man erlebt ja an einem Mann immer wohl nur die Frau, die er zuletzt gehabt hat.
Ich habe seine Kämme gewaschen, drei Paar Strümpfe gestopft und in dem komischen Nachttischbuch gelesen – – –
Ich sehe eure jungfräulichen Triebe sich künden, ich seh eure Frohzeit und das verlorne Glück – mein Geist, wie vervielfacht, ergeht sich in all euren Sünden, und all eure Tugenden gibt meine Seele zurück ... das kann doch keiner verstehn, aber es reimt sich.
Ich kann mir ja gar nicht vorstellen, daß ich einmal Ernst zu ihm sagen könnte.
Ich habe es getan. Mein Buch gegeben. Wir sitzen am Tisch, es war eine Decke ganz gelb und weiß und glänzig auf eine Art wie mit Daumennägeln drüber gestrichen, und sie hat ein Muster – »Lieben Sie Musters – trinken Sie bitte keinen Kognak.«
Ich möchte mich etwas pudern, dann habe ich mehr Mut. Ich kann mir ruhig die Lippen schminken, das Rot bleibt garantiert doch drauf bis morgen früh. Bis ich's abwasche. Manchmal habe ich meine Arme so komisch leer, es ist mir ausgesprochen peinlich, dieses Gefühl. Ist ja auch gar nicht so wichtig.
»Wollen wir ausländisches Radio machen?« – – – – »meine Frau – sie hat keinen liebgehabt vor mir«, sagt er.
»Sie, bitte halten Sie den Mund, das gehört Ihrer Frau, Sie sind ein Vieh, Sie sind, Sie – wie alle sind Sie – das ist eine Gemeinheit – Sie sind ein Barmensch« – da sitzen sie wie die gerupften Hühner – für seine Frau habe ich eine Freundschaft gehabt gegen ihn für den Augenblick. Ich

kann das ja alles nicht erklären – bitte, wie sag ich's, wie sag ich's?

»Sie dürfen ja Ihre Liebe sagen und Ihre Gefühle sagen und Ihre Sauereien sagen – aber bitte, Sie dürfen nicht die Liebe von einer anderen sagen, das dürfen Sie nicht.« Hab ich gesagt ihm.

Und da lacht er. »Ich bin einfach so froh, wenn ich von ihr reden kann«, sagt er. Bin ich etwa eine Therese für ihn? Ich habe seine Frau sehr über. Therese wollte ja immer, daß ich erzähle von meinen Männern. Da ist doch ein Unterschied.

Wir sitzen so. Wir lachen auch mal, und es ist eine Musik im Radio, und gelbe Muster. »Haben Sie schon mal einen so langweiligen Kerl erlebt wie mich, Fräulein Doris?« Warum sagt er wohl manchmal Fräulein und manchmal nicht?

»Ich habe schon alle Arten von Männern erlebt«, antworte ich.

»Nana!«

»Wollen Sie mal in meinem Buch lesen?«

»Wollen Sie es mir zeigen?«

»Ja.«

Und sitze dann auf dem, was mein Bett ist. Jemand blättert in meinen Därmen. Mir ist sehr übel. Wie ein zu voller Luftballon. Ich rauche eine Zigarette – gleich wird mir schlecht – unter der Lampe hängt sein Haar, was nicht richtig blond ist, weil männlich – Tilli hat immer ihrs mit Kamillen gewaschen – »bitte, die letzten Seiten lesen Sie nicht!« Blättert immer. Ich hab eine Angst, sein Gesicht anzusehn – hätte ich doch nicht – »vor Neujahr hören Sie bitte auf« – meine Stimme kugelt sich so aus meinem Mund – und ich sehe eure frohe Zeit und das verlorene Glück — wo er jetzt wohl dran ist? Mir ist es ganz egal. Ich wollte ja, daß alles so gewesen war – das ist mir ganz egal – schade, daß ich sein Gesicht nicht sehen kann – ja, dann müssen Sie leider aus meinem reinen Haus – alle Löffel mit silbernen Stempeln nehme ich dann aber mit. Aber eisern. Morgen wollt ich gebratene Nieren geben – bei Nieren packt's mich, und ich schlickse mal eben Tränen raus. Gott sei

115

Dank, daß ich mit dem Onyx nicht richtig – ist doch wenigstens einer weniger. Mit dem roten Mond habe ich auch nicht – aber die Hemden hab ich gestohlen. Soll er's man ruhig wissen. Nur die Stellen, wo ich schwere Traurig-
5 keit hatte, die hätt ich gern zugeklebt. Wo ich ein Biest war – na, schön. Aber wo ich so anders war, das ist so peinlich, das bohrt mir im Bauch – mein Gesicht quillt rot auf wie eine Tomate – ich verstehe gar nicht, wie jemand Bücher schreiben kann, die alle Menschen auf der Welt dann lesen
10 – hören Sie auf, bitte hören Sie auf – »sind Sie schon bei Neujahr? – Bitte sind Sie schon bei Neu... – sagen Sie doch einen Ton – ob Sie schon bei –«
»Gleich«, sagt er.
Unter meiner linken Sohle habe ich einen Flohstich, der so
15 furchtbar krabbelt, ich möchte so gern meinen Schuh ausziehn – gerade immer da, wo sich ein anständiger Mensch nicht kratzen kann, stechen sie hin, die Biester. Linke Sohle geht ja noch. Sind Sie schon bei Neujahr – Salmiakgeist täte gut – haben wir Salmiakgeist im Haus? –
20 Donnerwetter noch mal!
»Liebe kleine Doris, Sie weinen doch nicht etwa?« Bilden Sie sich bloß keine Schwachheiten ein, Herr, ja?
»Na, da freue ich mich aber, daß Sie gerade im richtigen Augenblick zu mir gekommen sind«, sagt er.
25 Junge, Junge, ist das eine wunderbare enorme Musik im Radio.
»Sollen wir noch eine halbe Stunde spazierengehn, Fräulein Doris?«
»Ja.«
30 »Geben Sie bitte acht, Doris, hier kommt eine Stufe.« –
»Bitte halten Sie Ihren Mund zu an dieser zugigen Ecke, Herr –.« Und an einem großen Baum ohne Blätter hebt ein Foxterrier seine Pfote. Ach!

Da hatten wir ein Gespräch. Sind denn Menschen, die
35 arbeiten, moralischer wie Menschen, die nicht arbeiten?
»Wissen Sie was, Fräulein Doris, wir schicken Ihren Pelzmantel zurück, wir sorgen, daß Sie Ihre Papiere bekommen, und dann suchen wir eine Arbeit für Sie.« Sagt er.

116

Ich denke ja gar nicht daran. Kommt denn unsereins durch Arbeit weiter, wo ich keine Bildung habe und keine fremden Sprachen außer olala und keine höhere Schule und nichts. Und kein Verstehen um ausländische Gelder und Wissen von Opern und alles, was zugehört. Und Examens auch nicht. Und gar keine Aussicht für über 120 zu gelangen auf eine reelle Art – und immer tippen Akten und Akten, ganz langweilig, ohne inneres Wollen und gar kein Risiko von Gewinnen und Verlieren. Und nur wieder so Krampf mit Kommas und Fremdworten und alles. Und Mühe geben dann für zu lernen – aber so viel, so viel, indem es einen überwältigt vollkommen und geht nicht in meinen Kopf rein und alles dreht sich. Man kann niemand fragen, und Lehrer kosten ein Geld. Man hat 120 mit Abzügen und zu Hause abgeben oder von leben. Man ist ja nicht mehr wert, aber man wird kaum satt von trotzdem. Und will auch bißchen nette Kleider, weil man ja sonst noch mehr ein Garnichts ist. Und will auch mal ein Kaffee mit Musik und ein vornehmes Pfirsich Melba in hocheleganten Bechern – und das geht doch nicht alles von allein, braucht man wieder die Großindustrien, und da kann man ja auch gleich auf den Strich gehen. Ohne Achtstundentag.

Und wenn man ein besonders großes Glück hat, dann wird man wie Therese. Dann sitzt man und spart und ißt ganz wenig. Und hat eine Liebe. Dann nimmt man sein Sparbuch und kauft Kleider für schön zu sein, denn, man will ihm gefallen, er ist ja ein Besserer. Und nimmt gar kein Geld von ihm aus Liebe, damit er nichts denkt. Und dann ist so eine Zeit, nachts ist man mit ihm – und verliebt und alles und um acht auf dem Büro wieder. Und man ist über zwanzig, und das Gesicht geht ganz kaputt zwischen Arbeit und Liebe, denn der Mensch braucht ja Schlaf. Natürlich ist er verheiratet. Aber er liebt einen, wodurch es einem egal ist. Man macht hundertmal Schluß und wartet ganz furchtbar – bitte komm wieder, alles egal, alles egal, komm bitte wieder, und man kauft teure Cremes. Man hat eine Müdigkeit. Seine Frau schläft zu Haus, manchmal hat sie in ihrer Seele Kummer, kann aber ausschlafen und kriegt

genug, denn er hat ja ein schlechtes Gewissen, und
dann geben sie reichlich. Thereses Zimmer ist ganz häßlich
und kalt, seine Wohnung ist warm und schön. Sie weint viel
wegen der Nerven, und das kriegt ein Mann über – »mein
5 liebes Kind, wir müssen uns trennen, ich zerstöre dein
Leben, du hast andere Chancen, mich frißt ein Leid, aber
ich muß von dir fort, denn du findest ja einen zum Heiraten
vielleicht, du bist ja noch hübsch.« Man krepiert an dem
Noch. Wiedersehn – dada – die Kleider sind unmodern,
10 man kauft keine neuen und ißt wieder wenig und spart.
Und lächelt ihm voll Demut, dem Chef, dem Kerl, den
man hassen muß, auch wenn er gut ist, denn er kann einen
ja entlassen.
Und man wird alt mit zeitigen Jahren, wo, was ein Glanz ist
15 mit Hermelin, noch lange nicht alt ist – man hat eine Doris
dann, die Tolles erlebt, bis daß sie eine Therese ist. So ist
das mit Therese und vielen, jetzt weiß ich es. Ich mach da
nicht mit, und ihr könnt mich mal alle –. Da hat eine Hure
denn doch mehr Spannung, ist ja ihr eignes Geschäft
20 immerhin.
»Lieber Herr Ernst, ich will nicht arbeiten, ich will nicht –
bitte, ich will die Gardinen waschen und die Teppiche
klopfen, ich will unsre Schuhe putzen und den Fußboden
und kochen – ich koche so gern, es ist mir ein Erleben, weil
25 es mir doch selber schmeckt und sehe ich Ihre Lederhaut rosa
werden und habe überhaupt eine Überlegenheitsart von
meinem Tun. Ich will alles tun, aber arbeiten will ich nicht.«
»Aber ich arbeite doch auch, Fräulein Doris.«
»Sie hatten auch höhere Schule, Herr Ernst, und was Ihre
30 Eltern sind auch. Und haben Bücher auf Nachttischen und
eine Bildung und ein Verstehen von so Sachen, womit Sie
was zu tun haben und gern, und es kostet kein Geld immer
oder sehr wenig, und es gibt Ihnen doch eine fröhliche
Vergnügtheit. Aber Thereses und meine Vergnügtheiten,
35 die müssen wir kaufen und mit Geld bezahlen. Ich kenne ja
auch Lippi Wiesels, die schrieben dann Bücher und hatten
ein Gerede und ein Bewundern für ihre eigne Person, wenn
sie auch kein Geld hatten. Aber nun bitte sehr, was soll ich
an mir bewundern denn? Ich will nicht arbeiten.«

Mädel aus der Provinz
Massenverprügung

»Aber wenn Ihnen doch der Haushalt Spaß macht?«
»Das mach ich doch so hier alles, das interessiert mich
doch, daß es nichts kostet, das ist doch was andres. Soll ich
etwa sonst gehn als Köchin, als Mädchen – bei Onyxkindern – gnädige Frau, ist angerichtet – gnädige Frau – 5
Gottogott, man könnte entlassen werden, man muß hinter
ihr herkriechen, darum muß man sie hassen – alle, die
einen entlassen können, muß man hassen, und wenn sie
auch gut sind und weil man ja für sie arbeitet und nicht mit
ihnen zusammen.« 10
»Aber, Fräulein Doris, Sie arbeiten doch auch für mich,
wenn Sie Essen für mich kochen, wenn Sie meine Gardinen
waschen?«
»Ich arbeite für Sie, weil ich einen Spaß dazu habe und weil
ich es nicht arbeite aus einer Angst um Verlieren meiner 15
Existenz. Ich arbeite es ja auch gar nicht, ich tue es ja nur
so« – lassen Sie mich doch in Ruhe mit Ihren idiotischen
Gesprächen, ich will nicht arbeiten, und ich will meinen
Feh behalten.

Er hat mir ein reinseidenes und unerhört gemustertes Tuch 20
mitgebracht – »ich denke, daß es Ihnen Freude macht, ich
denke, daß es genau zu Ihrem braunen Kleid paßt.« Aber
er ist ja gut zu mir.

Aber er ist ja anständig zu mir.

Meine liebe kleine Doris – meine liebe kleine Doris – 25
meine liebe kleine Doris – auf solche Weise kommt man zu
einem neuen Lied, was ein Schlager ist.
»Wandert denn Ihr Granatsplitter immer noch, Herr –«
»Sagen Sie ruhig Ernst.«
»Ern–«, ich kann nicht. Wenn mein Mund vielleicht an 30
dem Granatsplitter wäre, ich könnte mir ja wohl denken,
daß ich dann könnte.
»Sie sind ein anständiger Mensch, Fräulein Doris.« Hat er
gesagt. Ich kann ja wohl auch mal glauben, was ein Mann
sagt, ja? 35
»Wissen Sie, Herr – Ernst – das Linoleum in Ihrem

Herrenzimmer – ich habe es heute eingewachst, es hat
seine praktischen Seiten, indem keinen Staub, aber doch
sonst kalt –«
»Meinen Sie, wir sollten da einen Teppich –?«
5 »Glauben Sie, das geht nicht über unsere Verhältnisse? Ich
wäre dafür sonst.«
»Wir wollen uns Teppiche ansehn.«
Und wir haben uns zusammen Teppiche angesehn, und ich
durfte ihn von seinem Büro abholen, und er hat seine
10 Finger in meinen Arm getan vor seinen Kollegen und
öffentlich offiziell. Ganz dunkel war es auch noch nicht. Ich
liebe ihn. Nicht so – aber so.

Vielleicht auch doch so. Ich meine mit Betonung und in
Betreff auf Liebe. Mir ist manchmal so komisch. Mein
15 lieber Feh. Um meine Angelegenheiten privat kümmern
Sie sich doch bitte nicht, Herr grünes Moos. Feh, du
bleibst. Ob er mich einfach häßlich findet? Ich, was ich bin,
will ja gar nicht wollen, aber daß er will, will ich so gern.
Ich komme mir ja so blödsinnig vor – so nach immer in'
20 Spiegel sehn. Lange Beine hatte sie. Aber ich doch auch.
Und so Gemeinsamkeiten waren – aber ist unser Spazierengehen mit den Hunden an Bäumen und Sternen und
Granatsplittern, die wandern – ist das wohl gar nichts? Und
hatten so lange Reste von der Gans. So eine gemeinsame
25 Gans, ist denn das wohl ein Dreck? Wo sie sich noch dazu
in derartig langer Weise gehalten hat und dann immer noch
keine geringste Spur gestunken? Immer reden von seiner
Frau. Hört denn das nie auf? Was heißt denn blond – ist
doch nur eine Farbe. Und Schubert und das Baudelaire
30 und – das ist die Liebe der Matrosen.
Immer gelber wird mir doch seine Haut, als wenn da
Spinnen drüber laufen, das ist ja eklig – aber wirklich Gelb
mit Grau drin. Sollte denn auch echtes Mirabellenkompott
nicht helfen können? Warum nur alle Witze, die ich kenne,
35 so enorm unanständig sind, daß sie eine ausgeprägte
anständige Frau in so noch dazu hochanständigen hellgel-
ben Zuständen wirklich nicht erzählen kann.
Hand geküßt. Er mir. Und glatt ohne weiteres. Auf dem

Eßtisch hatte ich Blumen stehn gelassen. Und dann er
mir.

Eigentlich manchmal schade um eine Nacht, wo man allein
schläft. Aber sonst geht's mir gut.
Ich will ja alles tun, alles tun, alles, aber arbeiten will ich   5
nicht.

Brief. Lieber Gott, es kommt ein Brief. Um zehn kommen
Briefe. Ich kenne die grünen mit Reklame wegen Rasier-
pinsel und Apparate und Rheinwein und Freikarten, die
gelogen sind, indem daß man sie nachher doch bezahlen   10
muß für Theaters und so. Wir haben wohl selber Theater
genug, bitte sehr. Aber einer ist weiß und ganz gemein zu,
und das gibt mir Verdacht. Welches Schwein schreibt da
ohne Schreibmaschine?
Doris, ich danke Ihnen so sehr, daß Sie hier sind! Hat er   15
mir gestern gesagt. Die Wohnung ist mir, die Gardinen
sind mir, sein Kochen mir, seine lederne Haut mir. Du – du
bist mir – nicht wegen Geld und Kautsch für zu schlafen –
ich lüge es nicht, ich lüge das nicht: werde arbeitslos, bitte
sehr. Ich koche weiter – ich mit dir – sorge weiter, ich   20
schaffe ein Geld, ich wasche in Häusern, ich gehe mit
Onyxkindern in Parks und an Ufern mit runtergefallenen
Blättern, ich schreibe Maschine, ich arbeite nicht – aber ich
tue das alles für uns – werde nur arbeitslos – werde nur. –
Da ist ein weißer Brief so eckig und erregt mir Verdacht –   25
mache ich ihn natürlich auf, denn ich bin ja ein Haus-
herr.
Und dann steht es da:
»Ernstel, Lieber – ich habe Dir weh getan und bin böse zu
Dir gewesen. Du wirst mich nicht mehr liebhaben können.   30
Aber vielleicht kommt einmal eine Zeit, wo Du mir nicht
mehr böse sein wirst. Ich möchte Dir so gern erklären:
schau, mein ganzes Leben, bevor ich Dich kannte, war
eigentlich ein ewiger Kampf, ein ständiges Hin und Her
zwischen Erfolg und Mißerfolg, ein gespanntes Warten auf   35
den nächsten Tag, ein ständiger Wechsel von guter Laune
und Depression. Immer geschah etwas – und wenn einmal

nichts geschah, dann glaubte man fest, daß sich morgen oder nächste Woche etwas ganz besonders Schönes ereignen würde.

Und dann die Arbeit in der Tanzschule – wie glücklich war man, wenn man sich da mal wieder ein kleines Stückchen weitergebracht hatte, wie traurig und verzweifelt, wenn man mal glaubte, stehengeblieben zu sein.

Wie schön war es, wenn man über die Straße ging – Worte und Gesten Vorübergehender einfing, einen Sonnenstrahl auf einem Geranientopf – ach, alle die tausend Dinge, die auf der Straße so vor sich gehen, die wurden einem dann im Kopf zu Musik, die sich dem ganzen Körper mitteilte – die einen bewegte und die man ausdrücken wollte. (Weißt Du, daß ich so gern einmal das große, gebogene, blauerleuchtete U der Untergrundbahnstation getanzt hätte?)

Und dann wieder Enttäuschungen und eine Angst, nie das Ziel zu erreichen, und ein bißchen müde an Tagen, wo ’s Geld gerade noch zu dünnem Tee und trockenen Brötchen reichte. Nein, Ernstel – schön war es noch längst nicht immer, mein Leben – aber bunt und lebendig und abwechslungsreich war es.

Und dann kam so ein ganz kitschiger Frühling, so ganz süß und weich, der einen so verzweifelt melancholisch und einsam macht, wenn niemand da ist, den man liebhaben kann. Und dann warst Du auf einmal da, und da war mir nichts mehr wichtig als Du und unsere Liebe. Ich war so glücklich und fühlte mich so geborgen in Deiner lieben Güte. Und als wir heirateten, da war ich stolz und froh, daß ich Pläne hatte und einen Beruf, den ich Dir zum Opfer bringen konnte.

Und dann konnt ich’s nicht durchhalten. Das erste Jahr war lieb und schön, das zweite wollte ich mit aller Gewalt noch lieb und schön finden und belog mich selbst ein bißchen. Das dritte Jahr habe ich bewußt durchgekämpft und die Zähne zusammengebissen. Und das vierte Jahr – Ernstel, ich bin bald wahnsinnig geworden, ich habe mich krank gesehnt nach meinem dünnen Tee und den trockenen Brötchen, nach all der Hoffnung und Erwartung und dem Schaffenkönnen aus sich selbst heraus. Und eine Angst,

daß es nur noch diese ruhigen ereignislosen Tage für mich
geben würde – bis an mein Lebensende. Und Angst vor
dem Altwerden, dem Etwas-versäumt-Haben und dem Zu-
spät. Und weil Du gut zu mir warst und alles tatest,
begriffst Du einfach nicht, daß ich nicht glücklich war. Ich 5
kam mir auch selber so albern vor als eine der ewigen
Variationen des Themas ›unverstandene Frau‹.
Ich war eben zu lange bereits selbständig gewesen, ich
hatte bereits zu lange mit einem Beruf gelebt, den ich
liebte. Du hättest mir vielleicht helfen können, wir hätten 10
zusammen sprechen sollen – es ist die größte Dummheit,
die man in einer Ehe machen kann: den Mund zu halten,
um den andern nicht zu kränken. Das geht immer eines
Tages schief, es speichert sich zu viel auf.
Und dann traf ich – na ja, wir unterhielten uns über 15
Tanzen, und dann kam's auf einmal über mich: heute ist's
vielleicht noch nicht zu spät – morgen kann's schon zu spät
sein. Und verliebt war ich auch in ihn. Ja, das auch. Und
jetzt erst weiß ich: es war doch schon zu spät – jetzt weiß
ich erst, daß Du im Laufe der Jahre doch stärker geworden 20
bist als alles andre. Ich denke sehr viel an Dich. Ich
wünsche so sehr von ganzem Herzen, daß es Dir gutgeht.
Du wirst mir nicht schreiben wollen, aber Du sollst wissen –
na, Du weißt ja jetzt genug von   Deiner Hanne«

So sind die Weiber. Brief unter Korkteppich gesteckt. 25
Schreibt natürlich Absender, steckt jetzt mit unter dem
Korkteppich. Ich bin ja so aufgeregt.

Alles will ich für dich tun, Sie sehr lieber Mensch, alles will
ich für Sie tun. Werden Sie nur bitte arbeitslos.

Wir haben zusammen im Kino gesessen, es war ein Film 30
von Mädchen in Uniform. Das waren bessere Mädchen,
aber es ging ihnen ja wie mir. Man hat wen lieb, und das
gibt einem manchmal Tränen und rote Nase. Man hat wen
lieb – das ist gar nicht zu verstehen, ist ja furchtbar egal ob
einen Mann oder Frau oder lieben Gott. 35
Es war ganz dunkel – nimmt er denn nicht meine Hand?
Ich lege sie ihm in die Nähe – nimmt er sie denn nicht – ich

atme sein Haar auf – wo ist der wandernde Granatsplitter
denn? Bin ich ein Kino oder eine Liebe. Das ist die Liebe
der Matrosen ... ich würde mein Feh verkaufen, wenn ich
es mit dem Geld bezahlen könnte, einmal sein Haar lange
5 hintereinander anfassen zu dürfen.
Der Film zieht mich fort von ihm, er ist so schön. Ich
weine. Da sind viele Mädchen – hättet ihr wohl Verachtung
auf mich – ihr weint ja auch. Man hat da ein Leben lieb
oder eine Lehrerin von der Art eines Klosters oder ein
10 grünes Moos oder sich auf seine Zukunft hin – bin ich denn
ein Unterschied von euch, liebe Mädchen? Er nimmt ja
nicht meine Hand.
»Doris, sehen Sie da dieses Mädchen links – das hat
Ähnlichkeit mit meiner Frau – wenn ich nur wüßte, wo sie
15 ist – sehen Sie sie?« Ja. Sie liegt unterm Korkteppich.
Gute Nacht, grünes Moos – ich bin ja zu müde, um
einschlafen zu können. Eben bin ich aufgestanden von
meinem Schreiben und bin dreimal über die Stelle vom
Korkteppich gegangen, wo sie liegt. So trete ich sie tot.
20 Liebes, grünes Moos, ich habe von Ihrem Kognak getrunken – finden Sie mich eigentlich häßlich – hätte ich Ihnen
denn gar nichts zu bieten? Blaue Augen. Müde. Denn ich
brauche ja eine furchtbare Kraft, nicht die Tür aufzuma-
chen, die weiß ist und nebenan. Gute Nacht. Gar keine
25 gute Nacht. Sie haben gut schnarchen mit Ihrem Kummer,
ich bin ganz blödsinnig wach mit meinem Glück.

Was ein Mensch ist, hat Gefühle. Was ein Mensch ist,
weiß, was das heißt, daß man einen will und der will einen
nicht. Das ist ein elektrisches Warten. Weiter nichts. Aber
30 es genügt.

Das ist ja ein wunderbares Leben. Es könnte ja noch
wunderbarer sein, aber es ist jetzt doch auch schon derartig
wunderbar, daß ich nicht mehr viel zu schreiben habe in
mein Buch. Und hat den ganzen Abend nicht von seiner
35 Frau gesprochen heute. Wir haben getanzt in unserer
Wohnung. Aber ganz vornehm und weit voneinander ohne
Druck. Und schreibe jetzt nur wegen dem nicht Gedrückt-
worden.

Und bade und mach mich mit Lavendel und plätte meine
Kleider. Bißchen Rot auf die Lippen und gucke in den
Spiegel: na, wie bin ich denn nun? Ich habe mich etwas
erprobt durch Sitzen in einem Kaffee, und ich wirkte
enorm, denn es ist immer so, daß die Angebote ja nur so 5
flattern, indem man sie nicht nötig hat. Aber es ist
eigentlich eine große Erschwerung vom Leben, daß man,
wenn man einen richtig gern hat, keine Lust hat zu andern,
und es ekelt einen geradezu und ändert gar nichts. Dabei
ist er noch nicht mal mein Typ. 10
Ich habe einen Schwips – ich will, daß ihm immer eine
Freude wird und daß er es merkt und daß er nicht merkt,
daß ich will, daß er's merkt. Wien, Wien, nur du allein,
Wien, Wien – da saßen wir bei dieser Musik aus Radio.
Ach, so schön. Das gibt's nur einmal, das kommt nicht 15
wieder – das ist zu schön um – Wien, Wien, nur du allein –
Wien, Wien, bist du ein Rhein – denn man macht Musik
mit dir – in diesem Moment fühle ich mich wie ein Dichter,
ich kann es auch reimen, aber bis zu einer Grenze natürlich
– und da werde ich ein Reim – Wien, Wien, nur du allein – 20
Gott, ich habe so 'n Schwips – er hat mir immer Kognak
eingeschenkt, ich vertrag keinen Kognak – um jetzt zu mir
zu kommen und mich vornehm davon zu befreien, müßte
ich ins Badezimmer, das geht durch sein Schlafzimmer – ich
geh ja nicht mehr gerade und wache jetzt mit meiner neuen 25
Moral – im Bett Karussell fahren ist ja kein reiner Genuß.
Aber deutlich gesagt: es widerstrebt mir, mich übergeben
zu gehn durch das Schlafzimmer eines Mannes, welchen ich
liebe. Also schreibe ich lieber.
Eine Flasche Selter gefunden und ausgetrunken – schon 30
geholfen.
Ich will ihm da mal eine Freude sein und ihn ablenken von
der Frau, was unter dem Korkteppich liegt und Schubert
singt. Und mit dem Kochen allein schaffe ich es auch nicht.
Aber meine Gedanken wollen ihm ein Opfer. Da kriege ich 35
dann eine Ordnung und meine Papiere. Und dann sagt er:
»Es geht nicht trotz allem, Doris, man darf da nicht einfach
was fortnehmen, denn eine Ordnung muß sein, und das ist
nur, wenn da einer der Schutz ist vom andern.« Ich

überlege mir das. Es geht um den Feh. Den habe ich gestohlen. Aber jetzt liebe ich ihn – und so genau, wie der Ernst seine Frau liebt. Da hat mein Feh so weiche Haare, da hat er mit mir Ereignisse erlebt und sehr Schwieriges
5 manchmal, und da haben wir auch so kleine Gemeinsamkeiten und alles. Wenn der Ernst nun die Frau in sich vergißt, dann will ich mein Feh vergessen. Aber das ist doch anders, denn seine Frau ist ihm getürmt, aber mein Feh tut das nicht. Ich türme von meinem Feh, damit
10 tue ich gegen ihn eine Gemeinheit.

Das grüne Moos ist gut zu mir. Und es hat mein Buch gelesen, da bin ich doch eine, die macht lauter Sachen, und man kann ihr nicht glauben, und da ist so viel, was ich möchte – wer kann mir denn raten?
15 Ich hätte auch Lust, mal wieder zu tanzen. Dann müßten wir zusammen gehn – und auf dem Weg zur Toilette spricht einer mich an – ich sage ihm: was denken Sie sich, ich bin doch nicht frei! Und bin so ein gestreiftes Taxi – sind Sie frei? – aber bitte sehr nein, sehen Sie nicht, das Schildchen
20 ist doch runtergeklappt. Ich möchte so leben mit runtergeklapptem Schildchen für sehr lange. Und dann kann es uns auch schlechtgehen – wird sind ja zusammen – mache dir keine Sorgen, wir sind nicht allein, da können wir lachen – wir finden uns immer was zu essen, paß nur mal auf. Ich
25 könnte ja ein Glanz werden, aber wenn ich das nur erst für ihn mal würde. Das ist ja furchtbar schwer alles. Vielleicht macht er mir auch eine Bildung dann.

Ich tue es jetzt – meine Mutter weiß die Adresse sicher – ich schreibe den Brief:
30 »Geehrte Dame. Ich stahl einmal Ihr Feh. Sie werden naturmäßig eine Wut auf mich haben. Liebten Sie ihn sehr, geehrte Dame? Ich liebe ihn nämlich sehr. Ich wurde manchmal sehr gehoben durch ihn und eine höhere Schule und echte Dame und eine Bühne und ein Anfang von
35 einem Glanz. Und dann liebte ich ihn nur einfach, weil er weich ist und wie ein Mensch mit Seidenhaar am ganzen Körper. Und sanft und gut. Und hatte ich auch verschiedene Schwierigkeiten durch ihn, das können Sie glauben. Und war beinahe so weit, auf den Strich zu gehen, was

126

doch ein anständiges Mädchen, was auf sich hält, nicht soll.
Ich will den Feh Ihnen wiedergeben, es ist nichts dran
gekommen, ich habe ihn immer vorher ausgezogen, meine
Freundin Tilli hat ihn auch geschont. Ich will ja nun
glauben, man darf nicht stehlen wegen der Ordnung und 5
so. Wenn ich Ihr Gesicht kennte, und es würde mir
gefallen, hätte ich Ihnen diese Trauer nicht gemacht, oder
es hätte mir leid getan. Ich kenne ja aber nicht Ihr Gesicht,
sondern denke mir nur etwas Dickes. Somit mache ich mir
kein Gewissen, es ist nur wegen der Ordnung und meinen 10
Papieren und wegen dem Opfer, was ich tun muß und weil
ich besetzt sein will und aus Liebe. Vielleicht haben Sie
noch mehr Pelze und sogar ein Hermelin, es kommt ja
immer an die Unrechten. Bitte sein Sie gut zu mein Feh –
machen Sie, daß er nicht drunter leidet, wenn Sie ihn 15
ausschwefeln. Und ich sagen Ihnen, daß tausend Pelzmän-
tel auf mich regnen könnten, denn es ist ja immer noch
alles möglich bei mir, aber ich würde nie mehr einen so mit
mein Herz lieben wie dieses Feh.

Ich behochachte Sie 20
Ihre Doris …

P. S. Und schicke den Brief und Mantel an meine Mutter,
die kann es Ihnen geben, denn sie weiß sicher Ihre
Adresse, weil Sie doch natürlich den Abend im Theater
einen unvergeßlichen Stunk und Krach gemacht haben. 25
Wenn Sie mich anzeigen und der Polizei verraten, haben
Sie gar nichts davon. Und ich habe furchtbar Stunk davon
und eine Vernichtung. Darum hat es keinen Sinn, wenn Sie
es tun.«

Und so habe ich das Geschäftliche denn erledigt. 30

Liebe an sich strengt an.

Ich habe noch nichts von dem Brief an die Pelzfrau gesagt.
Nur eine Andeutung gemacht.
»Es fällt mir verdammt schwer, Herr Ernst, können Sie
vielleicht verstehen, daß man gerade so Sachen, die man 35
eigenhändig raubte, besonders liebt?«
Er sagt: »Aber Sie wollen doch keine Diebin sein, Doris?«

Diebin hin, Diebin her, das ist ein gemeines Wort, aber
warum versteht er mich denn nicht? Wir sind ja Verschiedene. Wir könnten uns ja mal küssen vielleicht, aber was
wäre denn sonst? Ich bin doch keine Diebin. Ich will ihm
5 aber mal alles glauben.
»Dumme Kleine«, sagt er. Na ja, das wissen wir auch. Hat
er etwa Mitleid mit mir? So was drückt einem Mann doch
nur auf die Sinnlichkeit. Ich will ja kein großes Geschmuse
mehr machen in meinem Buch, aber mir ist sehr komisch
10 und erdbebenartig in meinem Kopf.

Und mache dann meine Gänge auf der Straße für einzu-
kaufen. Das ist sehr schön. Es sind kleine Eisbahnen mit
Kindern und eine warme Kälte, die mein Herz froh macht,
und Schienen und viele Geschäfte, und die Sonne scheint.
15 Und in der Bergstraße sind lauter Stände und Buden –
Herr Schlappweißer, der vollfette Bückling – Mandarinen,
Apfelsinen und Kochäpfel – Zahnpasta auf der Straße –
eine blaue Post mit so Briefkästen – fünfundzwanzich
Pfennje die vier Bananen, fünfundzwanzich Pfennje die
20 echten Kanarischen – eine Bude mit Würstchen – so braun
in der Luft, die weiß ist, ist mit Blau drin wie Küchen-
schrankspitzen – kaufense junge Frau, immer kaufense –
das ist doch eine Kollegin, das ist eine vom Büro – wie?
Wohlfahrt. Wohlfahrt. Alle Menschen sind Wohlfahrt –
25 eine Kollegin, die blaß ist wie schmutzige Handtücher –
kaufense Stecknadeln, ein Päckchen Nähnadeln. Im Prater
blühn wieder die Bäume ... der hat die gelbe Binde mit
drei schwarzen Punkten und eine Harmonika – es spielt der
Jim Harmonika – ich glaube, bei dem Schlager habe ich
30 anschließend meine Unschuld verloren – ist ja schon so
lange her – im Prater blühn wieder die Bäume – Gott, ist
der alt! – Herr Ernst, wenn Sie doch mal mit mir hier gehen
würden. Da ist die Bahnunterführung von gelben Käst-
chensteinen, manchmal donnert es, wenn man durchgeht,
35 ich mache dann schnell von wegen einem Gefühl, als wenn
alles einem auf den Kopf fällt.
Wenn wir beide – junge Frau, kaufense – die schönen
molljen Filzeinlagen – kaufense, meine Herrschaften – det

128

is en Kitt, prima Porzellankitt. Empfehlungen hier, Emp-
fehlungen da – Friedenau, Wilmersdorf, Steglitz, die
janzen westlichen Vororte machen mir janz varickt mit ihre
Anerkennungsschreiben – – – scheene Mimosen, die hand-
feste Blume, scheene jelbe, die Blume des Winters, die hält 5
was aus, die verträgt drei Paar eisenbeschlagne männliche
Stiefel – kaufense, junge Frau – junge Frau – also so eine
Straße hat doch was an sich, daß man sich schwanger fühlt.
Wenn wir da mal zusammen gingen. Das ist aber nur
Vormittag, so eine Straße ist nur Vormittag – und da ist viel 10
Leben, das sind Menschen. Und Menschen, die vormittags
gehen in blauer Luft, sind fast alle arbeitslos, die haben alle
nichts.
»Das Leben uffer Straße, wat Se so sehn, det is nur eene
Arbeitslosigkeit«, sagte Herr Schlappweißer – »der Bück- 15
ling hat Rogen – was bitte noch? Zitronen jibt's nebenan –
Franz, gib acht, die Dame reflektiert auf deine joldnen
Jewächse des Südens.«
Und dann habe ich eine Freude – da ist so ein Lachsstand,
und den hat der alte Kreuzweißer, das ist der Vater von 20
dem Karl aus dem Wartesaal, mit dem ich doch immer so
gut war. Mit dem sprech ich dann über seinen Sohn. Und er
ist genauso nett und frech wie der Karl. Und hat so 'n
gemütlichen Bauch und einen weißen Kittel wie 'n Abtrei-
bungsdoktor. Und ich kauf da immer für Ernst. So was 25
von rosa Lachsen – da kann kein Geschäft mit und Ia.
»Grüßense Ihren Sohn mal, Herr Kreuzstange.« – »Hier
habense ein Billjett dux von dem infantischen Knaben,
junge Frau, vafihrnsen bitte nich, der Junge braucht
seine Kraft fürs Jeschäft wie unsareins überhaupt heutzu- 30
tage.«
Und da schreibt mir der Karl: »Haste noch immer dein
Ehrgeiz – kannste mich mal . . .«
Immer so ungalante Aufforderungen, die ich sodann von
Herzen erwidre. Und ich habe den Brief dem Herrn Ernst 35
gezeigt, und wir haben zusammen gelacht, trotzdem ich
mich etwas wegen der im Brief liegenden Unanständigkeit
schäme.
Man kann ja wohl ruhig jeder für sich weinen, aber es ist

das Herrlichste, wenn man mit einem zusammen über
dasselbe lacht.

Wir finden ja aber gar nicht dasselbe schön.

Da ist ja so eine glänzende Lust in mir, zu singen – das
5 gibt's nur einmal, das kommt ... und ich kenne keinen
Tschaikowsky – nur so Lieder und kein Schubert – aber
meine Haut singt. Er hat mich auf den Hals geküßt, was
zufällig meine empfindlichste Stelle ist. Und soviel wunderbare Worte – das kann man doch gar nicht nachdenken, das
10 saust doch durch einen durch wie Mineralwasser. Ich bin ja
ganz verschmettert, und andererseits ist es wie eine Krankheit mit Fieber und Bauchweh – Doris, liebes, kleines
Mädchen, Doris, meine Kleine – so was geht durch und
durch.
15 Und doch wieder nichts. Ich darf mir ja auch kein Wollen
anmerken lassen, weil das ja nur abschreckt – aber – ach
Gott – singen möcht ich, tanzen möcht ich – in die Welt
hinein – mein ist die schönste der Frauen – mein ja m...
Da fragt er mich mal, ob ich denn nie Angst hatte wegen
20 krank werden oder Kinder kriegen, da waren ja doch
furchtbare Gefahren für mich. Gott, wie soll man an alles
denken! Wenn man da anfängt, wird ja einer verrückt. Da
muß man nur schon immer wünschen, daß man Glück hat –
denn was bleibt einem sonst übrig? Da könnte man ja
25 gleich auch in einem ans Sterben denken – das hält man ja
aber auch nicht für möglich – und das andere auch nicht –
es wäre nämlich dasselbe. Ich glaube nicht eher, daß ich tot
sein kann, als bis ich tot bin – und dann ist es zu spät und
nichts mehr zu wollen – aber bis dahin ... da lebe ich
30 eben.
Und hat mich auf eine Stelle von meinem Hals geküßt – so
was ist das Leben. Ich finde ihn jetzt überhaupt bildschön.
Er hat ja so ein mildes Lächeln wie ein Säuglingsarzt. Er
hat kleine, schwarze Punkte in den Augen. Manchmal
35 möchte ich ihm eine Beleidigung tun, damit ich ihn noch
mehr liebe – weil er doch dann seine Ehre durch Wut
zeigen würde oder seine Vornehmheit durch Sanftmut

130

– eben eins von beiden – es wäre gleich wunderbar.
Natürlich will ich es in Wirklichkeit doch nicht.
Vater unser, der du bist im Himmel, mache doch mein
Inneres so gut und fein, daß er mich lieben kann. Ich kaufe
ihm eine Krawatte, denn das kann ich. Man sagte mir mal,   5
für so was hätte ich geradezu ein männliches Verständnis.
Es gibt doch Fälle, wo ein Vorleben seinen Wert hat. Vater
unser, mach mir noch mit einem Wunder eine feine
Bildung – das übrige kann ich ja selbst machen mit
Schminke.   10
Ich habe eine Überraschung erdacht und somit lauter
Kerzenhalter gemalt in ockerem Gelb. So ganz sanft mit
gedämpften, rötlichen Mustern von angedeuteten Blumen
– dazu Kerzen aus gedämpfter Farbe und sehr viele. Denn
er liebt Kerzen. Ich finde das blödsinnig eigentlich, und es   15
müssen enorme Mengen sein, damit es ein elektrisches Hell
ersetzt. Ich habe es furchtbar gern sehr hell, außer daß ich
mal häßlich aussehe wie vor vier Wochen. Jetzt aber doch
nicht mehr. Auf meinen Wangen liegt ein erstklassiger rosa
Schimmer von Natur. Morgen mache ich die Überraschung   20
für ihn, verbunden mit Blumenvasen voll Alpenveilchen.
Ich habe nämlich auch gespart. Ich habe mir das Rauchen
von den zehn Sechser-Zigaretten mit schwerer Überwin-
dung nicht verstattet und sie gesammelt und dann an Herrn
Kreuzweißer verkauft zu fünf. Und der verkauft sie zusam-   25
men mit seinen Lachsen wieder zu sechs. Pro Stück. – Und
dann illuminiere ich.
Ich wollte auch was sticken, ist aber nicht geworden. Das
Kissen von der Korkteppichen habe ich etwas zerstört. Er
hat es nicht gemerkt – und das freut mich am meisten.   30
Wenn er nur Geduld mit mir hat – ich kriege ja eine
Bildung – wenn er doch Gottes willen nur Geduld hat.

Ich bin in einem Automatenrestaurant in der Joachimsthaler und heißt »Quick«. Das ist amerikanisch. Und alles so
herrlich und glücklich. Ich hole ihn ab in einer Stunde vom   35
Büro. Ich habe ihn gefragt: »Macht es Ihnen eine Stö-
rung?«
»Aber nein.«

»Wirklich nicht?«

Und da sagt er: »Ich wollte Sie ja schon immer mal bitten, mich abzuholen, aber ich dachte, es macht Ihnen zu viel Mühe, extra in die Stadt hineinzufahren«, sagt er. Und merkt gar nicht, wie furchtbar ich will. Könnte dieses Nichtmerken nicht doch vielleicht Liebe sein? Man hat ja doch gar keine eigne Sicherheit, wenn man jemand so lieb hat. Und weil man so Angst hat, was falsch zu machen, macht man wohl immer garantiert alles falsch und ist doch vor Angst und Liebe oft genug anders, als man möchte sein – und möchte doch ein guter Mensch sein und ein ehrliches Manselbst ohne Überlegung und Raffiniertheiten. Und gar nicht so üblichen Quatsch und gar nicht denken, sondern nur lieb und gut sein. Und sonst nichts. Verträgt es ein Mann? Ich will mich aber wagen mit meiner Liebe.

Und alles habe ich vorbereitet. Auf den Tisch gelegt den Brief an die Fehfrau und die Krawatte zu seinem Graublauen. Seine Hemden habe ich enorm gestopft, aber die lege ich nicht dazu. Ich liebe ihn jetzt so, daß es mir egal ist, ob er das mühsame Stopfen seiner Hemden bemerkt. Und das ist vielleicht die wahre Liebe. Dann die Alpenveilchen – das sind so bißchen verfrorene Blumen – aber lieb. Und alle meine neun gemalten Halter mit Kerzen. Dann sage ich an der Tür: bitte einen Augenblick. Dann gehe ich vorher und zünde sie an – und sage dann: Bitte. Ein kaltes Essen habe ich gerichtet und eigenhändig Tomaten gefüllt, sie sind mir etwas verschmiert mit Mayonnaise, aber doch weitaus billiger wie im Laden. Und geschnittene Brisoletts und arrangierte Brötchen mit gleich was drauf und an den Seiten nutzlose Petersilie und ein Salatblatt. Wegen der Feinheit. Womit verdiene ich denn, daß ich so glücklich bin?

Und bin jetzt hier bei Quick – ich liebe ja Automaten so wahnsinnig, ich habe mir Krabben gezogen und einen westfälischen Speck – es gibt ja viele Essen, bei denen der Name von einem weiten Ort am schönsten schmeckt, weil so was einem als Deutschen immer ein Reisegefühl und was Überlegenes gibt, und ich kannte doch Männer, die wurden beim Sitzen durch ein unsichtbares Kissen unter

ihrem Popo erhöht, wenn sie allein Italienischen Salat
bestellten – nur wegen dem italienisch. Ich konnte meine
gezogenen Brote gar nicht essen – aber das ist mir das
Märchen von Berlin – so ein Automat. Und dann sitze ich
hier allein und fühle nur immer: gleich geh ich nach Haus.   5
Ich muß alle Leute ansehn, die hier das Lokal füllen und
sich – gehen sie nach Haus? Bitte, ich habe nur wenig Zeit,
gleich treffe ich mich für nach Haus zu gehen, ich bin was
ganz Solides, und jedes Wort von mir ist eine Liebe für den
Mann von meinem Leben.   10
Ich habe ein Kaffee getrunken und mir bei der Klosettfrau
die Haare gebrannt. Für alle Fälle. Und 20 Pfennig
Trinkgeld extra gegeben – ich werde ihm das sagen. Er hat
mir fünf Mark mitgegeben – ich will ihm aber vier
wiedergeben. Ich komme mir ja sonst vor, als nütze ich   15
eine Arbeitskraft aus. Ich hatte nämlich sonst noch nie
nachgedacht, woher Männer Geld kriegen. Man hat immer
das Gefühl: sie haben einfach . . . Durch so Transaktionen
und so Sachen. Und da ist einem eben alles egal. Aber
wenn man es weiß, wie einer es kriegt, und verfolgt sein   20
frühes Aufstehen und alles, dann bekommt man doch eine
Rücksicht. Lieber Gott danke – ich muß gehn.

Da schneite Berlin. Man ist einfach betrunken. Wacht man
auf, da ist alles weiß voll Zucker. Da ist einfach Schnee,
den kriegt man frei Haus. Das ist so schön alles zum   25
Zittern. Ich dachte ja manchmal, er ekelt sich vor mir. Wir
hatten lauter Kerzen – und dann der Pelzbrief. Da sagt er:
»Doris, tun Sie das etwa meinetwegen mit dem Feh?«
Da wurde ich Wut. »Ja, weswegen denn sonst – etwa wegen
der ollen Dickmadam?« Und damit bekamen wir eine   30
Rührung in die Luft, es war so eine furchtbar beklem-
mende Aufregung, da weiß man in seinen Knochen: es
passiert etwas. Alles so flimmrig.
»Nein«, sagt er. »Nein, nein, nein – ich habe Sie ja viel zu
gern, meine Kleine.« Gern hin, gern her – Herr Ern . . . –   35
ich konnte da seinen Namen nicht sagen – alle Alpenveilchen sahen mich an, und es sticht mich eine Luft – »Sie
Herr – ich bin keine Unschuldige, ich mache Ihnen keine

Verantwortung, ich habe in mir Dank und Lie... – na eben – und Sie brauchen mich doch nicht heiraten und können mich auch wieder vergessen – und wenn Sie – also bitte – Sie wären dann doch mir dieselbe Freude, die ich Ihnen sein möchte.«

Mein Mund sprach die Worte wie ein energisches Gebet, aber meine Arme und mein Herz waren ganz schwach und ohne Hilfe. Meine Stimme zittert dann, und ich muß heulen, aber ich wollte auch, denn so was gibt ja dann immer einen Anlaß für einen Mann, sich herbeizunähern. Und dann trösteten wir uns, bis wir schrecklich glücklich waren, und haben heute morgen den Schnee gesehen, als wir zum erstenmal gemeinsam und zusammen aufgewacht sind.

Also das allein macht die Liebe nämlich gar nicht aus, aber es gehört auf schöne Art mit dazu.

Frühling. Es ist mir furchtbar unangenehm, am 15. will er mir einen Mantel kaufen. Ich nehme den allerbilligsten. Bis dahin behalte ich noch mein Feh. Ich kann sonst nicht auf die Straße. Es ist immer noch ziemlich kalt. Er hat mir von Ländern erzählt, da sind jetzt schon Blumen.

Ich spreche nur wenig. Ich mache viel Vorsicht. Bei einer Frau ist das ja anders, indem der schon alles egal ist, wenn sie mal verrückt ist. Aber bei einem Mann, da kann durch so stimmungslose Worte alles kaputtgehen. Ich habe sehr Angst wegen meiner Unbildung. Das macht einen zuerst ganz fremd gegenseitig, wenn es erotisch anfängt. Weil man sich ja vorher lange ohne das kannte. Man hat da so ein Genieren.

Er hat mir sehr viel Blumen mitgebracht. Das Leben ist so schön, daß es mir zum erstenmal eine Religion ist. Ich meine nicht, daß ich fromm bin – aber es ist mir heilig vor Glück.

Mutter! Da bin ich entzwei. Liebe Mutter. Das geht ja vorüber. Ich kann auch gar nicht mehr weinen. Das war

134

heute abend – meine Hand ist so lahm – mein liebes Buch –
jetzt lasse ich alles aus mir herausfallen. Ich bin so oft doch
mal unglücklich gewesen, aber es geht immer vorüber.
Geht es denn bestimmt immer vorüber? Du Qual. Vielleicht nehme ich mir das Leben. Aber ich glaube nicht. Ich 5
bin ja auch viel zu müde für Selbstmord und mag ja auch
gar nichts mit mir tun mehr.
Ich sitze auf Bahnhof Friedrichstraße. Hier bin ich mal
angekommen vor langem mit den Staatsmännischen, und
jetzt höre ich hier auf – verdammt nein, ich denke ja nicht 10
dran. Für drei Tage bin ich noch satt gegessen.
Manchmal ist das Erotische nur dafür gut, daß man du
zusammen sagen lernt – und mir fiel es in jeder Situation
schwer. Das war doch ein Zeichen. Heute abend um
sieben, da hat er mich geküßt – so ganz vorsichtig meinen 15
Arm – so mit einer Art von Liebe, die gar nicht mal mehr
sinnlich ist. Mir wurde gleich ganz zum Beten – danke,
lieber Gott, danke – bin ich es denn? – so froh – »Du
Liebes« – und in mir Angst – küßt man denn mich so? – das
ist wohl etwa ein Versehen – und da war es ein Versehen – 20
»Hanne« – sagt er – »Hanne« – mir wurde ganz schwer
erstarrt, ich ließ mir nichts anmerken. Ich hatte eine Liebe
und eine Wut und Haß, die machten aus Stein mein
Gesicht. Da weint er – es ist ein Ausbruch wie bei dem
Trapper – ich befasse sein Haar und mache: nana. Da 25
macht einen doch einer in Minuten zu hundert Jahr alt. Er
liebt sie so. Da kann man nichts machen. Ich kann es doch
auch verstehen, daß er mich vergißt – ich hätte ja auch
jeden um ihn vergessen. Mein Schmerz war ganz groß, da
konnte er nicht mehr weh tun, und alles Hellgelbe habe ich 30
da verloren. Und dann war ja alles meine Schuld. Wo doch
ein anständiger Mann ein Kind ist, und eine Frau in der
Liebe eine männliche Verantwortung trägt. Er ist ein
Gutes. Ich habe alles zerstört. So mit Liebe. Was doch so
eine Welt eine Schweinerei ist. Und er war doch unglück- 35
lich. Konnte ich ihm mich nicht zu Liebe tun, mußte ich
ihm eben eine andre zu Liebe tun. Ich bin schwindlig.
Ich sagte: einen Moment. Ich nehme heimlich meinen
Koffer und tat ihn vor die Tür. Ich habe ein paar meiner

Sachen vergessen, das kann ich mir eigentlich nicht leisten.
Aber alle Gefühle konnte ich mir eigentlich nicht leisten.
Und jetzt ist eine Nacht. Und dann schrieb ich ein Couvert
an seine Adresse, was meine war. Und da tat ich den Brief
5 rein unter den Korkteppich. Und klebte zu mit meinem
Herzblut. »Haben Sie eine Briefmarke, Ernst?« frage ich.
»Ich will nur noch schnell einen Brief in den Kasten – nein
bitte, lassen Sie mich allein gehen.«
Nie mehr werden wir spazieren, nie mehr werde ich ihm
10 Nieren braten – und ich wollte ja kein großes Getue
machen, ich muß aber einmal seine Hand küssen: du hast
mir die schönste Zeit von meinem Leben gemacht. Ich
kann ja wohl sehr gemein werden, aber manchmal muß ich
doch eine Anständigkeit sein. Wenn es ja auch glatte
15 Dummheit ist. Ich hätte mich ja selber in Stücke zerschnitten, wenn du mich dann lieben würdest, ich – ach Gott. Ich
sehe dich nie mehr. Ich möchte morgen früh mich tot-
machen vor deiner Tür. Das ist ja Quatsch. Jetzt schreibe
ich dir alles wie Brief – das schicke ich dir dann oder nicht –
20 es ist egal. Aber wenn ich so auf eine Weise mit dir rede,
wird mir besser. So eine Qual. Die hattest du auch wegen
deiner Frau. Aber ich weiß auch nicht, wovon ich leben soll
morgen, das ist doch ein Unterschied zwischen uns. Ich bin
ja immer das Mädchen vom Wartesaal. Ich habe deine
25 Hand geküßt, du hattest eine Hand mit so vorsichtigen
Fingern, die sich nicht getraut haben, eine Frau anzufas-
sen, und immer dachten, sie geht kaputt, wenn man
darüber streicht. Und dann bin ich fort. Und auf der
Treppe fast übergeben vor Elend und Übel.
30 Und nie wieder. Und alles aus. Und Schluß für immer.
Und bin zur Portiersfrau wegen Geld, denn ich brauche ja
für mein Vorhaben. Du gibst es ihr morgen wieder, habe
ich gesagt. Ich schwöre dir sehr, daß ich keinen Vorteil
wollte für mich. Etwas habe ich noch übrig, für die Hälfte
35 habe ich mir hier so Alkohol gekauft, und das andere
schicke ich dir morgen. Vielleicht habe ich aber auch sehr
Hunger, und dann ist mir egal, was ein Mann über mich
denkt. Jetzt geht ja die ganze Biesterei wieder los.
Und dann bin ich zur Korkteppichadresse. Das war ein

ausgeprägt feines Lokal im Westen. Da tanzt sie mit ihrem. Ich sitze als Stein. Und mir ist alles egal – das Gucken vom Kellner und so und alles. Ich sehe das Hanne. Sie hat wohl eine Bildung im Tanzen und feine Familie und eine Mutter gehabt, die hat ihr als Kind Lebertran gegeben und als Belohnung ein Stück Schokolade. So eine ist das. Mit zehn Jahren hatte ich mal eine Freundin auf drei Tage und hieß Hertha mit th, die durfte nicht mehr mit mir verkehren, weil ich auf die Volksschule ging und gewußt habe, woher die Kinder kommen. Aber sie war älter und hat mich immer gefragt.

Und die Hanne tanzte sehr süß und Walzer und eine Donau – und blond. Ich saß da und kenne meinen Mann und meine Wohnung, was ihre ist. Es war sehr komisch. Und hatte ein elfenbeinweißes Georgettekleid mit vielen kleinen Falten und roten Achselträgern und Gürtel. Nicht sehr schick, aber so unschuldig. Und sie ist gar nicht mal hübsch, aber wohl blond. Die Beine sind gar nicht so furchtbar lang. Und lacht mal zu ihrem wie ein Stein auf Friedhöfen, wenn Sonne drauf scheint. Der Mann ist sehr elegant und hat schwarzes geöltes Haar, mit dem man nie glücklich werden kann, denn das glänzt immer für andre. Ich trinke Kognaks – ganz schnell. In mir ist viel Kaputtes, und es dreht sich. Ich kann gar nicht mehr. In der Pause ich dann zu ihr. Ein kleiner Raum, und da sitzen wir, es ist sehr eng.

»Ihr Mann schickt mich, Sie sollen wieder zu ihm kommen – gehen Sie gleich, gleich.«

Erst wollte ich noch sagen: er stirbt sonst – aber dann wäre sie ja gleich wieder eingebildet und so sicher geworden, und der Ernst hätte gar kein richtiges Oberwasser mehr gehabt. Sie hat ganz trockene Falten um den Mund, und dann macht sie so erschreckte Augen wie die Tilli manchmal und will gleich heulen. Gott, diese Mädchen, man kann sie wirklich nicht ernst nehmen, sie sind solche Kinder – besonders, wenn sie blond sind.

Das Geld reicht – ich trinke noch einen Kognak. Jetzt muß ich bald lachen – kein Wort brachte sie erst raus. Gut ist es der nicht gegangen! Und einen eifersüchtigen Blick auf mich – das freute mich ja etwas, denn dann bin ich wohl wieder hübsch. Ich war gar nicht voll Eifersucht, weil man das ja auf so eine Alte nicht ist.

Und ich frage nur: »Sie gehen gleich, ja?«

5 Da sagt sie: »Ja.« Und spricht mit mir in einem Traum, denn wach wäre sie ja wohl nicht so ehrlich gewesen: »Ich kann so nicht weiterleben – und ein Mann mit einer gesicherten Existenz, der einen liebt und den man selber nicht zu sehr liebt, macht einem das Leben noch immer am 10 wenigsten schwer, und es ist ja auch schön, mit sich Freude machen zu können.«

Ich habe ihn nicht – nicht zu sehr geliebt. Und konnte ihm keine Freude machen mit mir. Aber der Korkteppichen gegenüber habe ich mir keinen kleinsten Schmerz anmer- 15 ken lassen. Und sie sagt dann: »Es ist nämlich so schwer draußen.«

Das kann man wohl sagen. Wie ich geh und die Tür zumache hinter mir, war ich wieder voll Traurigkeit. Natürlich ist es schwer. Da wollte nun so eine in dem Alter 20 ein Glanz werden, und das konnte ja ich nicht mal bis jetzt. Und nun ist es wohl geordnet, und es brennen dann meine Kerzen – jetzt wird mir doch wieder so – ich – das Geld reicht noch – ich trinke noch einen Kognak – ach Gott.

Ich hatte ein Gespräch. Kommt mir da so ein Junge mit 25 Pappkarton an mein Tisch. Ich wollte allein sein mit meinem Leid. Aber er fährt nach Ohligs, das ist über Köln, da hat er einen Onkel, der hat eine Schmiede, dem kann er helfen.

»Wat heulense denn«, legt er los.

30 »Tu ich ja gar nicht.«

»Doch.« So gibt ein andres Wort das eine.

Ich sage: »Da erlebe ich das traurige Schicksal einer Freundin, die erzählte mir –« Und da erzähl ich ihm das von mir. Er roch nach Pferdedung, und das gab mir 35 Vertrauen.

»Schön blödsinnig«, sagt er und spendet mir ein Bier. – »Natürlich sindse selber die varrickte Nudel, meckernse mir hier nichts vor – wie könnense denn da mit nem Feinen und denn mit Jefühl? So was jeht einfach nich jut.«

138

Er hatte mal ne Schwester, mit der war dasselbe. Und da
könnt ich nur von Glück sagen, daß ich schnell raus bin.
Nachher wär's mir nur langweilig geworden, und älter wär'
ich geworden ohne die richtjen Intressen und hätte immer
meinen Mangel an Bildung gehabt, und ihm wäre das 5
bestimmt über geworden eines Tages – gerade son Sanfter,
dem liegt an Geist – und dann ständ ich da mit meine
Kenntnisse – und meine besten Jahre verplempert. Und er
könne wohl verstehen, wenn man die Verirrung hätte, mit
einem Besseren für Geld so als Mädchen. Weil die Zeit 10
wirklich schlecht ist. Aber so richtige Gefühle – die sollte
man nur mit seinesgleichen haben, denn sonst ginge es glatt
schief. Aber das ist es ja eben, ich habe keine Meinesglei-
chen, ich gehöre überhaupt nirgends hin. Und ausgenützt
würde man. Aber das hat er bestimmt nicht getan, er war 15
ein Anständiger. Das wäre ja egal, jedenfalls hätte ich den
Salat, und es geschehe mir recht.
Und dann hatte der Pappkarton vier Schinkenbrote – es
geht seiner Mutter sehr mau, aber das hat sie getan wegen
der Reise und der Nacht. Da gab er mir zwei. Ich wollte das 20
nicht – da sagt er, ich soll ihn nicht beleidjen, denn wir
wären das gleiche und irgendwo müßte man mal anfangen
mit dem Teilen, und bei ihm könnte ich wirklich Gefühle
haben ohne eine Berechnung. Mit den Gefühlen meinte er
nichts Unanständiges. Ich fragte ihn aus Interesse, ob er 25
eine wie mich heiraten würde. Da sagte er, es würde ihn ja
doch allerhand an meinen Erfahrungen stören, und groß-
zügiger wären da immerhin die Gebildeten, aber möglich
wäre es immerhin. Und wir hatten ein Gespräch. Ich fragte
ihn, was ich nun sollte und ob vielleicht einfach auf den 30
Strich gehen, er war aber nicht dafür. Und ich sagte ihm
das mit dem Büro und dem Pelz. Er sagte: zurückschicken
nun auf keinen Fall, das wäre glatte Dummheit – sondern
dann lieber verkaufen und von meiner Mutter Papiere
schicken lassen – oder doch vielleicht neue Papiere machen 35
lassen. Er gibt mir eine Adresse, der tut das aus Gefällig-
keit. Er hat auch schon allerhand hinter sich, aber nu will
er Ruhe. Und denn vielleicht doch selbständige Arbeit mit
einem zusammen – er fand meinen Fall auch schwierig.

Aber zuletzt stände man sich bei Anständigkeit doch
besser.
Und dann wollte ich noch so viel fragen – aber es fuhr sein
Zug. Und er beißt auf seine Lippen, und es wäre eine
5 Sauerei, daß man niemand heute helfen kann, wenn man
kein Geld hat, er war ganz weiß vor Wut. Und gaben uns
die Hand. Ich spuckte ihn dreimal an, das hatte ich gelernt
von dem Regisseur – er sagte: »Laß den Quatsch, was soll
das?«
10 Ich hätte ihm gern was anders mitgegeben für die Reise,
aber ich hatte nur noch dreißig Pfennig und meine Spucke.
Ich habe ihm aber für zehn Pfennig dann noch gebrannte
Mandeln gezogen im Automat. Er sagte: »Quatsch und hau
jetzt ab zu deinem Wartesaal, sonst klauen sie dir dein
15 Gepäck bestehend aus tausend Worte Stuß.«
Genauso spricht der Karl. Karl wollte mich doch immer?
Wie ich zu meinem Buch zurückkomme, liegt unter einer
Seite eine Mark. Daß ich das gar nicht gemerkt habe, wie
er sie hintat! Er hatte so furchtbar wenig. Ich grüße ein
20 rotgeschämtes Danke hinter ihm her. Ich möchte gern gut
sein zu einem.
Zu Hause brennen sie jetzt vielleicht meine Kerzen, und
ich hatte die Halter kunstvoll gemalt. Ich habe mich
seitenlang angestrengt, nicht dran zu denken, ich muß dran
25 denken – wenn er bei aller Freude mal einen traurigen
Gedanken hätte an mich, würde mich das ja so freuen. Ich
würde ja sehr gern mal bei ihm antelefonieren – aber wozu
das? Ich könnte sie ja gerade in einer Situation stören, das
tut doch ein anständiger Mensch nicht. Ich möchte ihn ja so
30 gerne gemein finden, dann wär's mir leichter – aber er war
anständig. Und es war doch schön. Ein Schmerz ist ja ein
Schmerz und macht alles kaputt, was gerade froh sein
könnte, aber was schön gewesen ist, kann er doch nicht
kaputtmachen – oder kann er?
35 Ich will zum Wartesaal Zoo – vielleicht kommt der Karl,
der Kreuztanger. Ich würde ihn sehr bitten, daß er mich
eine Zeit in Ruhe läßt mit Erotik. Gerade eine Frau muß
man ja doch immer von selbst kommen lassen. Ob er das
versteht? Ich werde mich ja nie mehr gewöhnen an einen

ohne Bildung, zu dem ich eigentlich doch gehöre – und einer mit Bildung wird sich an mich nicht gewöhnen. Aber ich kann jetzt nicht auf die Tauentzien und mit Großindustrien, ich kann jetzt einfach mit keinem Mann. Das war auch bei Hubert so – denn mein Körper ist viel mehr treu als mein Wollen. Da kann man nichts machen. Aber es geht bestimmt vorüber. Die Sinnlichkeit ist einfach im Kittchen. Das ist die Liebe. Und eines Tages wird sie mal entlassen.

Ist ja alles nicht so wichtig – ich bin etwas betrunken – vielleicht geh ich auch nicht zum Wartesaal Zoo – und in eine schicke und dunkle Bar, wo man nicht sieht, daß meine Augen totgeweint sind – und lasse mich einladen von einem und nichts sonst – und tanze und trinke und tanze – ich hab so Lust – tanze – das ist die Liebe der Matrosen – wir sind ja doch nur gut aus Liebe und böse oder gar nichts aus Unliebe – und wir verdienen auch keine Liebe, aber wir haben ja sonst gar kein Zuhause.

Und werde jetzt doch erst losfahren, den Karl suchen, er wollte mich ja immer – und werde ihm sagen: Karl, wollen wir zusammen arbeiten, ich will deine Ziege melken und Augen in deine kleinen Puppen nähen, ich will mich gewöhnen an dich mit allem, was dabei ist – du mußt mir nur Ruhe lassen und Zeit – so was kommt immer von selber – und wenn du nicht willst, wenn du nicht willst – dann muß ich eben für mich allein – wo soll ich hin? Es soll mich aber noch keiner küssen. Und von Büro habe ich genug – ich will nicht mehr, was ich mal hatte, weil es nicht gut war. Ich will nicht arbeiten, aber ich habe Korke in meinem Bauch, die lassen mich doch nicht untergehen?

Lieber Ernst, meine Gedanken schenken dir einen blauen Himmel, ich habe dich lieb. Ich will – will – ich weiß nicht – ich will zu Karl. Ich will alles mit ihm zusammen tun. Wenn er mich nicht will – arbeiten tu ich nicht, dann geh ich lieber auf die Tauentzien und werde ein Glanz.

Aber ich kann ja dann auch eine Hulla werden – und wenn ich ein Glanz werde, dann bin ich vielleicht noch schlechter als eine Hulla, die ja gut war. Auf den Glanz kommt es nämlich vielleicht gar nicht so furchtbar an.

MATERIALIEN

Inhaltsverzeichnis

Einleitung:
Das neuerliche Interesse an Irmgard Keun

Es besteht kein Zweifel: Das neuerliche Interesse an
Irmgard Keun, deren Romane nach langer Vergessenheit
und Verdrängung zur Zeit neu aufgelegt und gelesen 5
werden, erscheint historisch fällig. Es ist an der Zeit, eine
Schriftstellerin wiederzuentdecken, deren Bücher gewiß zu
den wichtigen Werken der Literatur ihrer Zeit, der Weimarer Republik und des Exils, gehören und gleichzeitig mit
unverminderter Wirksamkeit die Gegenwart betreffen. 10
Irmgard Keun ist eine Autorin, die uns heute angeht, so
wie die Epoche der Entstehung ihrer ersten Romane, die
Weimarer Republik in ihrer Endzeit und Krise, im Über-
gang zum Hitler-Faschismus, als Vorgeschichte der Gegenwart noch immer erhellende Bedeutung besitzt. Eingedenk 15
der spannungsvollen Konstellation zwischen Einst und
Jetzt, zwischen Vergangenheit und Gegenwart, die
bestimmt zur wechselseitigen geschichtlichen Erhellung
taugt, gelangen Historizität und zugleich Zeitgenossen-
schaft der Irmgard Keun in den Blick. Ihre ersten Romane, 20
welche unter anderem die innere Geschichte der Endzeit
der Weimarer Republik einzufangen versuchen, machen
daher auch die verschwiegenen Spuren kenntlich, die vom
Einst ins Heute führen und auf denen man sich der eigenen
Vorgeschichte vergewissern kann. Sie lassen erkennen, 25
unter welchen historischen Voraussetzungen die Gegenwart steht, deren Gewordensein auf diese Weise deutlich
wird.
Allein: Wer ist Irmgard Keun? Was hat sie geschrieben?
Wo hat sie gelebt? Wo lebt sie heute? 30
Fragen solcher Art muten nun freilich höchst merkwürdig,
wenn nicht gar befremdlich an angesichts der These vom
historischen Rang und von der Aktualität der Keun. Sie
werden indes verständlich, wenn man bedenkt, daß die
Schriftstellerin und ihr Werk bisher nicht nur in der 35
allgemeinen literarischen Öffentlichkeit, sondern auch in

der zünftigen Literaturkritik und Literaturgeschichtsschrei-
bung ein »weißer Fleck« waren: »Ein weißer Fleck auf den
Börsenzetteln der Literaturagenten, der nicht weiter auffällt« (Ursula Krechel).
5 Dieser Umstand ist um so erstaunlicher, als die Keun mit
ihren beiden ersten Romanen, ›Gilgi, eine von uns‹, ›Das
kunstseidene Mädchen‹, die 1931 und 1932 erschienen sind
und sogleich hohe Auflagen erreicht haben, ungewöhnlich
erfolgreich war.   .
10 Daß sie hernach, vor allem aber nach 1945 die ihr
zustehende Aufmerksamkeit und Beachtung nicht mehr
gefunden hat, ja mehr und mehr in Vergessenheit geraten
ist, mag vielerlei Gründe haben, die sicherlich noch aufzuspüren sind. Zweierlei ist für den Vorgang des Vergessens
15 und Verdrängens jedenfalls bestimmend gewesen: die
Naziherrschaft (Verbot der Bücher, Exil, Leben im Ver-
borgenen) und danach, für die Zeit nach 1945, die von
Ursula Krechel und anderen beklagte »patriarchalische
Geschichtsschreibung« (Ursula Krechel[1]), die »Funktion
20 des patriarchalischen Gedächtnisses«, welche das »selbstverständliche Vergessen weiblicher Kulturleistungen«
bewirke. Es ist daher an der Zeit, die Schriftstellerin
Irmgard Keun der Vergessenheit zu entreißen. Und es gibt
ja auch, wie gesagt, Anzeichen dafür, daß ihre Zeit-
25 romane, Romane der »inneren Zeitgeschichte« der Endphase der Weimarer Republik und des Hitler-Faschismus
(vor allem ›Das kunstseidene Mädchen‹ und ›Nach Mitternacht‹), neuerdings entdeckt oder wiederentdeckt
werden.
30 In ihnen wird der Versuch unternommen, die Geschichte
der Bewußtseins- und Unbewußtseinszustände einer
Gesellschaft im Vorfeld der Katastrophe, des Nazismus,
die Geschichte einer gesellschaftlichen Endzeit in typischen
Haltungen, Verhaltensweisen und Gesten einzufangen und

---

(1) Irmgard Keun: die Zerstörung der kalten Ordnung. Auch ein Versuch
über das Vergessen weiblicher Kulturleistungen. In: Literaturmagazin 10:
Vorbilder. dnb 119. Rowohlt Taschenbuch Verlag GmbH, Reinbek 1979,
S. 105.

aufzuzeichnen. Die Zeitromane der Keun sind daher auch, durchaus im Sinne Brechts, eine Art »Gestentafel« des Alltags, des gewöhnlichen Lebens in einer bestimmten historischen Situation.

Aus diesem Grunde kommt es vor allem darauf an, den Charakter des *Zeitromans* zu verdeutlichen. Der *Materialienteil* enthält denn auch Zeugnisse zur inneren Zeitgeschichte (II), zur Innenseite der Geschichte: zum »Kult der Zerstreuung« und des Glanzes, zu bestimmten Denk- und Verhaltensweisen der Menschen in der Endphase der Weimarer Republik.

Daneben stehen Zeugnisse von zwei Schriftstellerinnen der Gegenwart (I), die in der Perspektive der Wahlverwandtschaft und des Wiedererkennens Suchbilder entwerfen und Wege der Annäherung an Irmgard Keun erkunden. Sie begeben sich auf die Suche nach einer Autorin, die sich seit langem abgewandt und gleichsam unkenntlich gemacht hat, tief enttäuscht und verletzt vom Verstellungs- und Verdrängungsmechanismus des Kulturbetriebs, und die sich nunmehr auch den Zugriffen der beflissenen Entdecker entzieht. Beiden kommt es daher vor allem darauf an, hinter den Büchern und hinter den Legenden die Person selbst auszumachen und das Schicksal ihrer schriftstellerischen Existenz zu ergründen.

Und nicht von ungefähr sind es schreibende Frauen, denen es auch darum geht, im Leben und in den Romanen der Keun Möglichkeiten einer ›weiblichen Ästhetik‹ aufzuspüren.

Ein weiterer Materialienteil (III) enthält Texte, welche andeutend-stellvertretend aufzeigen, wie die Keun und ihr Roman damals und vor kurzem wieder aufgenommen worden sind. In diesen Zeugnissen werden zugleich Ansätze zum heutigen Verständnis und zur Interpretation des Romans ›Das kunstseidene Mädchen‹ greifbar.

Der Zeitroman in der Weimarer Republik als Roman der Endzeit

Zusammen mit Irmgard Keuns Roman ›Das kunstseidene Mädchen‹ bilden unter anderem ›Fabian‹ von Erich Käst-
ner, ›Kleiner Mann – was nun?‹ von Hans Fallada und ›Mehlreisende Frieda Geier[1a]‹ von Marieluise Fleisser eine aufschlußreiche und erhellende Konstellation des Zeitromans gegen Ende der Weimarer Republik, als die Haltung und die künstlerischen Bestrebungen der ›Neuen Sachlich-
keit‹, welche den Expressionismus und seine letzten aus-
weglosen Nachhutgefechte inzwischen längst überwunden haben, nicht nur in den Kunstgattungen selbst, sondern auch in allen erdenklichen Bereichen des kulturellen Lebens den Ton angegeben haben (»Es liegt in der Luft eine Sachlichkeit«): Die erwähnten Romane sind 1931 (Kästner, Fleisser) und 1932 (Keun, Fallada) erschienen. Sie stellen daher, freilich eingedenk auch der Unterschiede und einer Art gegensätzlicher Entsprechung, eine gleich-
zeitige und wahrhaft zeitgenössische Antwort auf die Herausforderungen ihrer Epoche dar.

Gerade der damalige Zeitroman gilt allgemein als eine der typischen Ausprägungen der ›Neuen Sachlichkeit‹, da er ganz auf dem ›Boden der Tatsachen‹ seiner Zeit stehe und eine ›sachliche‹, ungeschminkte und illusionslose, eine authentische Darstellung des wirklichen Geschehens der Epoche, der Endphase der Weimarer Republik, anstrebe und auch meistens erreiche.

Wie problematisch und strittig der Begriff der ›Neuen Sachlichkeit‹ als weitreichender Epochenbegriff auch immer sein mag (er ist zum historischen Verständnis einzelner Werke und Werkkomplexe oder bestimmter Entwicklungstendenzen in der Tat nur sehr bedingt taug-
lich), so ist doch davon auszugehen, daß die als ›neusach-
lich‹ bezeichnete künstlerische Haltung dem eigenen Verständnis der Zeit und der Epoche entspricht: Sie vermag

---

(1a) Titel der späteren Fassung: ›Eine Zierde für den Verein. Roman‹. Suhrkamp, Frankfurt a. M. 1975. Auch st 294.

auf besondere Weise deren Lebensgefühl und die Zeit- und Geschichtserfahrung vieler Künstler auszudrücken.

Die angeführten Zeitromane, die gleichzeitig in einer bestimmten geschichtlichen Konstellation der Epoche stehen, sind nicht nur alle in der letzten Periode der Weimarer Republik, in ihrer Endphase entstanden. Sie sind vielmehr auch in ihrer Erzählanlage und ihrer Aussage gerade für den in Frage stehenden Zeitraum auf sehr bezeichnende Weise charakteristisch und erhellend: Es sind Romane der Krise und der gesellschaftlichen Endzeit der Weimarer Republik, Topographien der Lähmung, des Verfalls und des Untergangs. Es sind Endzeit-Romane, in denen die Zeit ihrer Entstehung zugleich die Zeit ist, welche sie schildern.

Romane der inneren Zeitgeschichte: Verschwiegene Zeitromane

Es sind allerdings verschwiegene Zeitromane: Romane, die nicht lautstark und vordergründig auf die großen politischen und gesellschaftlichen Bewegungen und Vorgänge ihrer Zeit eingehen, sondern mehr auf verschwiegene Weise mit der Epoche ihrer Entstehungszeit in Verbindung stehen. Ihnen geht es daher nicht so sehr um die äußere, sondern um so mehr um die »innere Zeitgeschichte«, die Geschichte, »die noch Niemand sieht oder wahr haben will«. (Heinrich Mann: Brief an Hatvani vom 3. April 1922)

Als zeitgeschichtliche Romane entwerfen sie das innere Bild der Epoche, einer gesellschaftlichen Endzeit, das in den unscheinbaren Spuren des Daseins, den Indizien der Epoche, oftmals deutlicher hervortritt als in den großen Gebärden der Zeit. Sie führen die Innenseite der Geschichte vor, indem sie die unterirdischen Gehalte der Epoche aufspüren und erhellen: die psychischen Dispositionen und Einstellungen, die Standorte und Haltungen der Menschen, ihre Denk- und Empfindungsweisen, ihre Redeweisen auch, die alltäglichen Nöte und Ängste, Hoffnungen und Träume.

»Der Ort, den eine Epoche im Geschichtsprozeß ein-
nimmt, ist aus der Analyse ihrer unscheinbaren Oberflächenäußerungen schlagender zu bestimmen als aus den
Urteilen der Epoche über sich selbst. Diese sind als der
5 Ausdruck von Zeittendenzen kein bündiges Zeugnis für die
Gesamtverfassung der Zeit. Jene gewähren ihrer Unbe-
wußtheit wegen einen unmittelbaren Zugang zu dem
Grundgehalt des Bestehenden. An seine Erkenntnis ist
umgekehrt ihre Deutung geknüpft. Der Grundgehalt einer
10 Epoche und ihre unbeachteten Regungen erhellen sich
wechselseitig.«[2]
In diesem Sinne schildern die Zeitromane die unscheinbaren Oberflächenäußerungen und die unbeachteten Regungen, in denen der Grundgehalt der Epoche zum Vorschein
15 kommt. Sie erzählen gewissermaßen die Bewußtseins- oder
Unbewußtseinsgeschichte ihrer Zeit.

Einzelschicksale und Momentaufnahmen
statt Epochenpanorama und -bilanz

Keine weiträumigen und geschlossenen Gesamtansichten
20 des Zeitalters werden entworfen; ebensowenig wird mit der
Zeitgeschichte, von einem überschauenden und überlegenen Standpunkt aus, abgerechnet oder ins Gericht gegangen. Die Epoche wird vielmehr von innen her, aus der
Sicht der unmittelbar Betroffenen betrachtet, denen sie
25 geradezu aufs äußerste widerfährt: Einzelschicksale stehen
daher in den meisten der Zeitromane im Mittelpunkt.
In ihren individuellen Erlebnissen und Erfahrungen, die
indes für bestimmte gesellschaftliche Gruppen in der
Endzeit der Weimarer Republik stellvertretend sind, ver-
30 suchen die Autoren Grundzüge der Epoche einzufangen
und sichtbar zu machen.
In Einzelschicksalen ist der Widerschein der gesellschaftlichen Endzeit zu erkennen. Oder anders gesagt: In einzelnen Gesichtszügen blitzt das Antlitz der Epoche auf.

---

(2) Siegfried Kracauer: Das Ornament der Masse. st 371. Suhrkamp Verlag,
Frankfurt a. M. 1977, S. 50.

Damit hängt auch der den meisten Zeitromanen eigene
Anspruch des Authentischen zusammen. Mit ihm ist
gleichzeitig die individuelle, nichtauktoriale Perspektive
verbunden, welche daher, entweder durchgängig einsinnig
oder wechselnd, die Erzählstruktur vieler Zeitromane 5
bestimmt.
Die Erzählweise selbst ist eher ›filmisch‹: Das Geschehen
wird nicht in weiträumigen epischen Zusammenhängen
entfaltet, sondern mehr in einzelnen kürzeren Einstellungen, Aufblendungen und Szenen, in zerstreuten Moment- 10
aufnahmen eingefangen. Das kann allerdings auch zur Zer-
splitterung und zum Zerfall des Zusammenhangs führen.

Einfache Leute und Außenseiter im Spannungsfeld
zwischen Großstadt (Berlin) und Provinz

Die gesellschaftliche Endzeit, Zerstörung und Untergang 15
der Weimarer Republik, die Grundzüge der Epoche treten
dort wohl deutlich hervor, wo die politischen und wirt-
schaftlichen Erschütterungen am stärksten sich auswirken
und zu verheerenden Verkrümmungen des Bewußtseins
führen: im neuen Mittelstand, bei den vielen kleinen 20
Angestellten und den Arbeitslosen, die mehr und mehr an
den Rand der Gesellschaft geraten und jeglichen materiellen und ideologischen Halt verlieren. (Geistige und tran-
szendentale Obdachlosigkeit hat man diesen Orientie-
rungsverlust genannt.) Verkäufer und Verkäuferinnen, 25
kleine Ladenbesitzer oder Handlungsreisende, Stenotypi-
stinnen und Sekretärinnen und immer wieder Arbeitslose
sind denn auch die ›Helden‹ der meisten Zeitromane.
Ihr Schicksal vollzieht sich häufig in der Polarität zwischen
Großstadt und Provinz, die ja einen sozialen Topos, eine 30
ständige Spannung in der Weimarer Republik darstellt.
(Da es sich fast immer um Berlin handelt, werden viele der
Zeitromane nachgerade zu Berlin-Romanen.)
Im Gegeneinander treten bestimmte Seiten und Züge der
Großstadt sowie der Provinz in überscharfer Beleuchtung 35
hervor: einerseits Glanz und Zerstreuung der Großstadt
Berlin (Kracauer), der »Rausch der Leere« (Toller[3]), die

Maskeraden des Untergangs, andererseits in der Provinz
die Überreste des alten Denkens im Vorfeld des Faschismus, die Gleichzeitigkeit des Ungleichzeitigen.

Stationen des Verfalls und des Untergangs

5 Viele der Zeitromane sind Stationenromane. Sie beschreiben das Dasein und den Lebensweg ihrer ›Helden‹ jedoch
nicht als Läuterungsprozeß wie das expressionistische Sta-
tionendrama, sondern als Abstieg, als Prozeß der Lähmung
und des Verfalls, der enttäuschten Hoffnungen, des Ver-
10 lusts aller Illusionen und der Resignation: Stationen, die
ins Abseits und in den Untergang führen, Wege, die im
irren Kreislauf oder im Käfig des eigenen verblendeten und
vergitterten Bewußtseins enden oder aber in die rückhalt-
lose Verweigerung umgebogen werden.
15 Einzelne Wegstrecken sind deshalb nur noch ›flüchtige
Durchgangsschleusen‹ und ›Haltestationen‹ in einem
Gesellschaftsgefüge, das aus dem Gleichgewicht geraten ist
und den Menschen keinen Halt mehr zu bieten vermag.
Man befindet sich sozusagen fortwährend auf ›Stellungssu-
20 che‹, wie Rühmkorf in seiner Rede auf Kästner (1979)
gesagt hat.
Es verwundert kaum noch, daß in solchen Stationen und
Orten der Zeitromane, die eigentlich Ortlosigkeiten,
Standortlosigkeiten sind, Wegmarken der Zeitgeschichte
25 aufleuchten.

Fluchtbewegungen – oder:
Geborgtes und zerstreutes Dasein

Angesichts der aus den Fugen geratenen Gesellschaft sowie
der geborstenen, zumindest brüchig und haltlos geworde-
30 nen Lebensgrundlagen der Menschen und ›Helden‹ im
Roman kommt es zu allen möglichen Fluchtversuchen und
Fluchtbewegungen, zu Täuschungs- und Selbsttäuschungs-

---

(3) Ernst Toller: Eine Jugend in Deutschland. Gesammelte Werke, Band 4.
Reihe Hanser 253. Carl Hanser Verlag, München 1978, S. 10.

manövern: Sie führen und verführen unter anderem in das
»Obdachlosenasyl« (Kracauer) des Glanzes und Blend-
werks, des Vergnügens und der Zerstreuung, des »Kultes
der Zerstreuung«, wo die Wunschträume und Tagträume
der Gesellschaft, der kleinen Leute und Außenseiter den 5
Schein der Wahrheit und Wirklichkeit erlangen und vor-
gaukeln. Maskeraden und Glamour, Trugbilder und Luft-
spiegelungen ersetzen die Wirklichkeit.
Es kommt zur Flucht in ein anderes und fremdes, ein
geborgtes Leben, welches den erträumten Glanz vorüber- 10
gehend zu bewahrheiten und zu erfüllen scheint. Der
Lebenszusammenhang zerreißt; das Dasein bleibt provisorisch und wird zerstreut, wie übrigens auch die Wahrneh-
mungs- und Denkweise zerstreut ist. Flucht- und Ersatz-
möglichkeiten bieten der Film und die Vergnügungspaläste 15
an, der Sport und die Erotik, das Geschäft und das
Verbrechen, aber auch das scheinbar unangefochtene pri-
vate Glück in der Laube.
Diese Orte und Haltungen der Zerstreuung, die Hand-
lungs- und Strukturmomente in den meisten Zeitromanen 20
darstellen, deuten zugleich auf eine Art zeitgeschichtlicher
Topographie der gesellschaftlichen Verwirrung in der Krise
der Weimarer Republik hin.

Pandämonium der Gesellschaft

Die Stationentechnik führt auch dazu, daß in den wech- 25
selnden Episoden des Romangeschehens viele Personen
auftauchen, die als typische Vertreter der gesellschaftlichen Endzeit und der Zerstreuungskultur den Weg des
›Helden‹ kreuzen. Dadurch werden die Romane gelegent-
lich auch zu einer ungemein anschaulichen Typengalerie 30
der Weimarer Republik und ihrer Zeit, zu einer Art
Pandämonium gesellschaftlicher Larven oder »abkonterfei-
ter Charaktermasken« (Rühmkorf).

Entlarvung und implizite Zeitkritik

Mit der Erzählweise und der individuellen Perspektive 35
hängt auch der Umstand zusammen, daß die zeitgeschicht-

lichen Romane nicht ausdrücklich und betont von einem
überlegenen, distanzierten und richtenden Standpunkt aus
zeitkritische Romane sind. Sie sind es vielmehr auf vermit-
telte Weise. Die Kritik ist dem Romangeschehen imma-
5 nent. Indem die Stationen des Verfalls aufgezeigt und die
gesellschaftlichen Larven vorgeführt werden, werden sie
gleichzeitig entlarvt und kritisiert. Die Darstellung der
Verführung zum ›Glanz‹, zur Illusion bewirkt (beim Leser)
Desillusionierung, die Darstellung der Täuschung und
10 Selbsttäuschung bewirkt Enttäuschung.
Indem die Fluchtversuche und -bewegungen geschildert
werden, wird zugleich hingezeigt auf die Verhältnisse, die
zur Flucht zwingen, und auf die Haltlosigkeit und Orientie-
rungslosigkeit derer, die in ein fremdes und geborgtes
15 Leben ausweichen. Die Frage nach den (gesellschaftlichen)
Ursachen, Tendenzen und Alternativen wird herausgefor-
dert. Am Ende stehen Ratlosigkeit und die Frage »Was
nun?« Und sie gilt nicht nur Pinneberg, dem ›Helden‹ des
Romans von Fallada. Sie gilt in dieser Form und mit
20 diesem Hintergrund auch für die ›Helden‹ der anderen
Zeitromane: für Doris (›Das kunstseidene Mädchen‹), für
Fabian und Labude (›Fabian‹), für Frieda Geier und Gustl
Amricht (›Mehlreisende Frieda Geier‹).
Und sie gilt letzten Endes in einer erweiterten kritischen
25 Perspektive auch für die ganze damalige Zeit und die
zeitgenössischen Leser. Sie gilt kurzum für den Zustand
und den Entwicklungsstand der Weimarer Republik, die
damals in der Krise steht und in den Nazismus und die
Katastrophe hineintreibt.
30 Und auch in dieser Hinsicht sind die Romane eine eigenar-
tige und eigensinnige Form der Geschichtsschreibung: Sie
sind auf nachdrückliche Weise Romane der ›inneren Zeitgeschichte‹, der gesellschaftlichen Endzeit der Weimarer
Republik. Ihre Lektüre und ihr Studium bedeuten daher
35 heute zugleich ein kritisches Studium der inneren
Geschichte, der Bewußtseinsgeschichte der Weimarer
Republik in der Perspektive der Gegenwart.

I. Die Autorin:
Annäherungsversuche und Suchbilder

1. Elfriede Jelinek:
Über Irmgard Keun

(1980)

Zuerst möchte ich mich für die Ehre bedanken, daß ich
hier diese Laudatio auf eine von mir verehrte Schriftstellerin halten darf. Es ist ein Glück, daß die Werke der
Irmgard Keun jetzt neu aufgelegt werden, denn für die
ältere und mittlere Generation war diese Autorin von jeher
ein Begriff, jetzt aber können auch die jungen Leute eine
Schriftstellerin kennenlernen, die wie kaum eine andere
moralisch und politisch integres Handeln angesichts des
Hitlerfaschismus mit so bedeutender literarischer Aussage-
kraft zu vereinen gewußt hat.

Ich glaube, von den Anwesenden hier weiß wohl so
ziemlich jeder Bescheid über den Lebensweg der Irmgard
Keun. Lassen Sie mich ihn dennoch in groben Zügen
skizzieren, er ist ohne Beispiel. Die gebürtige Berlinerin
wuchs während des Ersten Weltkriegs auf. Sie hat alles
miterlebt, die Inflation, die zwanziger Jahre mit ihrer
berühmten Verruchtheit und ihrem Gold, das so solches in
Wirklichkeit nicht war, den Beginn der großen Arbeitslosigkeit und schließlich das Heraufdämmern des Nazifa-
schismus. Zuerst war sie eine Schülerin, dann eine Stenotypistin, dann ist sie eine Schauspielerin geworden, woran sie
ihre blondblauäugige Schönheit nicht gerade gehindert hat.
Bis ans Thalia-Theater hat sie es in ganz jungen Jahren
schon gebracht. Und dann hat sie, immer noch ganz jung,
ihren ersten Roman geschrieben: ›Gilgi – eine von uns‹,
der ein Riesenerfolg wurde, 1931. Es folgte, nur ein Jahr
darauf, der zweite Roman, ›Das kunstseidene Mädchen‹,
der sie über Nacht weit über Deutschland hinaus berühmt
machte. Übersetzungen in 18 Sprachen lagen vor, auch
eine Verfilmung. Jetzt hätte ihr der Himmel voller Geigen

und Tantiemen hängen können, doch es kam anders: Die Nazis hatten die Macht ergriffen.

Irmgard Keun wird von etlichen ihrer Biographen als im Grunde unpolitische Autorin beschrieben, deren Herz,
5 Gefühl und Gewissen sie zu dem getrieben haben, was sie in dieser Zeit tat. Ich bin sicher, daß es Herz, Gefühl und Gewissen gewesen sind, die ihr ihr Handeln vorgeschrieben haben, aber eine unpolitische Autorin ist sie für mich nie gewesen. Sondern eine, die wie kaum ein anderer durch-
10 schaut und analysiert hat. Und so ging nun eine deutsche Schriftstellerin einen Weg, den viele ihrer Kollegen aus Bequemlichkeit, aus Anpassertum, aus Angst (wer will es ihnen heute vorwerfen, Angst gehabt zu haben?), aus vielerlei Gründen nicht gegangen sind. Diese junge und
15 erfolgreiche Frau lehnte es ab, in die Reichsschrifttums-kammer einzutreten, sie verweigerte es, sie blieb bis 1935, hätte auch weiter bleiben können, nur schweigen hätte sie müssen, schweigen wie die zahllosen Mitläufer und kleinen PGs[4], die ja bekanntlich nie etwas von der Wahrheit
20 gewußt haben, die ja nicht persönlich dabei waren, die, ganz persönlich, versteht sich, sogar anständige Juden gekannt haben, nur ihre Pflicht erfüllt haben und so weiter. Wer will es ihnen heute vorwerfen, da sogar Massenmörder des Dritten Reichs bereits wieder freigesprochen oder nur
25 halbherzig verurteilt werden? Doch da war diese Irmgard Keun, die bis 1935 in Deutschland geblieben ist und nicht geschwiegen hat. Sie nahm kein Blatt vor den Mund, sie lehnte sie ab, die Nazis, sie lehnte ihn ab, den Führer, nicht in pathetisch-seherischer Anklage, sondern, und das wiegt
30 viel schwerer, sie machte ihn auf ihre subtil-ironische Weise lächerlich, führte die Ideologie des wild gewordenen Kleinbürgers, der nun die Macht in Deutschland ergriffen hatte, jene Irrationalität von Führer, Volk und Vaterland als Selbstzweck ad absurdum.
35 Von der Gestapo wird sie abgeholt, verwarnt, bedroht, gefoltert. Ihre Bücher kommen auf die schwarzen Listen, werden beschlagnahmt, penibel aufgestöbert, verbrannt.

---

(4)* Parteigenossen; Mitglieder der NSDAP.

Wie gesagt, sie war keine Jüdin, sie hätte es sich wohlig und warm einrichten können in diesem Deutschland, das schon seine Raubkriege gegen unschuldige Völker vorbereitete, in dem brave Biedermänner jüdische Geschäfte arisierten. Sie hat sie beschrieben, diese deutschen Fabrikanten, hat 5 sie der Lächerlichkeit preisgegeben, nicht nur als Ausbeuter, sondern auch als klägliche, verfettete Liebhaber, die sich in ihrer herrenrassigen Haltung einem kleinen Mädel gegenüber, das möglicherweise »eine Rasse«, nämlich eine jüdische, hat, mehr und besser entlarven lassen als durch 10 wütende Anklageschriften (wobei auch diese vielleicht ganz guttäten). Und hinter diesen miesen, Frauen wie Sekt konsumierenden Spießbürgern mit Strumpf-, Leder- oder Konfektionsfabriken taucht eine deutsche Großindustrie auf, die sich schuldig gemacht hat, tauchen sie auf, die 15 Siemens, IG-Farben und wie sie alle heißen, die in den Produktionsstätten der KZs Menschenmaterial im großen Stil verbraucht haben und sogar an dessen Vernichtung noch verdienten. Die Irmgard Keun hat gewußt, daß sie dieses Regime durch ihre Anwesenheit nicht mit sanktio- 20 nieren dürfte, und sie ist in die Emigration gegangen. Freiwillig. Ohne äußeren Zwang. Eine Tochter aus gutem Bürgerhaus, rein arisch, schön, berühmt.

In der Emigration, die sie in verschiedene Länder führt, trifft sie die geistige Elite Deutschlands, zahlreiche 25 berühmte Männer: Kisch, Tucholsky, Hermann Kesten, Stefan Zweig, Ernst Toller und viele andere sowie deren Gefährtinnen, und wird schließlich selbst eine Gefährtin, die von Joseph Roth, meinem Landsmann, Genie und Alkoholiker. Später hat man dann manchmal idiotisch 30 gefragt: Die Keun, das war doch die vom Joseph Roth? Mit Recht hat sich diese Frau, eine der ganz bedeutenden deutschen Schriftstellerinnen, immer wütend dagegen verwahrt, als hauptberufliche Gefährtin bezeichnet zu werden. 35

Hermann Kesten beschreibt diese junge deutsche Schriftstellerin, die ihm da blond, blauäugig und in einer schönen weißen Bluse wie eine der Gilgis oder die Doris im ›Kunstseidenen Mädchen‹ in der Halle des Hotels Métro-

155

pole in Brüssel gegenübersitzt: ». . . wie ein Fräulein . . ., mit
dem man gleich tanzen gehen möchte. Aber wir saßen noch
nicht am Tisch, bei einer Tasse Kaffee und einem Glas
Wein, da sprach sie schon von Deutschland, mit blitzenden
5 Augen und roten, witzigen Lippen. Mit vorsichtig gesenk-
ter Stimme und gewaltsamem, lachendem Zorn erzählte sie
von den tausend täglichen Tollheiten unserer guten Mit-
bürger, die zu Narren und Sklaven wurden, in jeder
Stunde, freiwillig und unfreiwillig. Ohne es zu merken,
10 wurden sie umgeschmolzen zu Bleisoldaten und Diktatur-
schemen.« Als Irmgard Keun ihr Dasein als Gefährtin
beendet, als Hitler Europa bereits in die Tasche gesteckt
hat, um es seiner ökonomischen Reichtümer zugunsten
Großdeutschlands zu berauben, kehrt die Keun schließlich
15 illegal nach Deutschland zurück (möglich ist ihr das nur,
weil sie irrtümlich, wie ihre Freunde, für tot erklärt wird)
und lebt bis Kriegsende im Untergrund. Illegal. [. . .]

Anfangsteil einer Rede, die Elfriede Jelinek am 5. 3. 1980 in der
Stadtbibliothek Köln gehalten hat anläßlich einer Veranstaltung der
20 *Stadt Köln zu Ehren von Irmgard Keun. Erscheint im Dezember*
1980 in der Zeitschrift ›Die Horen‹.

2. Ursula Krechel: Irmgard Keun – Über das Vergessen weiblicher Kulturleistungen

(1979)
25 [. . .] Seit ich begonnen habe, hinter den Büchern von
Irmgard Keun die Person zu suchen, seit meine Suche nach
ihr in den Verlagen, die ihre Bücher herausgebracht haben,
bei ihren früheren Freunden, ihren Kritikern begonnen
hat, kann ich mich meiner Unruhe nicht mehr erwehren.
30 Ich suche eine Frau, die stumm ihre beredten Bücher
überlebt hat, eine Frau, die heute im Rentenalter ist, in
Köln oder um Köln herum leben muß, die seit gut zwanzig
Jahren nichts mehr veröffentlicht hat. Denkbar ist auch,
daß sie, die ich suche, nicht gefunden werden will, daß sie
35 zu lange schmerzhaft auf das Gefundenwerden gehofft hat
und die zu Grabe getragene Hoffnung nicht mehr aufwek-

ken will, daß sie genug hat von den literarischen Sparkassenangestellten mit den höflichen Gesichtern, die ihr früher einmal Kredit eingeräumt haben und die das Guthaben, das Irmgard Keun in die Literatur eingebracht hat, samt Zinsen und Zinseszinsen in der hohlen Hand gewogen haben. Haben sie es zu leicht befunden? Und weil die literarischen Sparkassenangestellten in Wirklichkeit die Agenten sind, denen Zirkulation alles bedeutet, haben sie das Guthaben der Irmgard Keun wie das berühmte Pfund Butter von einer hohlen Hand in die andere weitergereicht, bis am Ende davon nichts mehr übrig war als ein weißer Fleck. Ein weißer Fleck auf den Börsenzetteln der Literaturagenten, der nicht weiter auffällt. Um so dicker können sich die tun, deren Guthaben zirkuliert, die, deren Namen die literarischen Agenten gern in Großbuchstaben auf ihre Börsenzettel und in ihre literarischen Großwetterkarten einzeichnen, da können sie den weißen Fleck der Irmgard Keun gut gebrauchen.

Diese Schriftstellerin hat am eigenen Leib erfahren, daß der Schatten, den Männer werfen, allemal länger ist als der von Frauen. Keun, Keun, höre ich auf meiner Suche: War das nicht die Freundin von? Hat *die* nicht mit *dem* zu tun? Schlichte und gleichzeitig bedrohliche Fragen, die sich im biographischen Rankenwerk verhaken und da hängenbleiben. Sie zu beantworten heißt: einer wichtigeren Frage, die nicht nur diese Schriftstellerin betrifft, die Luft abschnüren. Ich meine die Frage nach der Funktion des patriarchalischen Gedächtnisses. Wie funktioniert das selbstverständliche Vergessen weiblicher Kulturleistungen? [. . .]

Ich habe sie gefunden. Klein und schmal steht sie im Türrahmen, als ich den langen Flur vor mir liegen sehe. Ihre blauen Augen saugen mich auf. Jahrelang hat sie irgendwo gelebt, in einer Klinik, in wechselnden Buden, randständig, bei einer Freundin in Bonn, irgendwo. Sie wollte unerreichbar sein. Wenn Briefe und Nachrichten sie doch erreichten, antwortete sie nicht. Sie besitzt nichts, teils aus Prinzip, teils aus Nachlässigkeit. Sie besitzt nicht einmal ihre eigenen Bücher. Jetzt wohnt sie in einem Zimmer unter dem Dach, das auf Giebel, Kirchendächer

und ein gutes Stück Himmel blickt. Freunde haben ihr das Zimmer besorgt. Halb stolz, halb verlegen sieht sie auf die ordnungsgemäße Einrichtung, an der sie wenig auszusetzen hat. Seit zwei Wochen wohnt sie hier, und schon kennt sie
5 die Geschichten des Hauses, schnappt sie auf, erzählt sie weiter, staunt, was ihr da an prallem Leben vor die Füße fällt.

Ursula Krechel: Irmgard Keun: Die Zerstörung der kalten Ord-
nung. Auch ein Versuch über das Vergessen weiblicher Kulturlei-
10 *stungen. In: Literaturmagazin 10: Vorbilder. das neue buch 119.*
Rowohlt Taschenbuch Verlag GmbH, Reinbek bei Hamburg 1979,
S. 103/104, 124/125. Ausschnitte.

II. Die Zeit: Leben in der Weimarer Republik

1. Siegfried Kracauer: Kult der Zerstreuung

(1926)

[...] Man schilt die Berliner *zerstreuungssüchtig;* der Vorwurf ist kleinbürgerlich. Gewiß ist die Zerstreuungssucht hier größer als in der Provinz, aber größer und 5 fühlbarer ist auch die Anspannung der arbeitenden Massen – eine wesentlich formale Anspannung, die den Tag ausfüllt, ohne ihn zu füllen. Das Versäumte soll nachgeholt werden; es kann nur in der gleichen Oberflächensphäre 10 erfragt werden, in der man aus Zwang sich versäumt hat. Der Form des Betriebs entspricht mit Notwendigkeit die des »Betriebs«.

Ein richtiger Instinkt sorgt dafür, daß das Bedürfnis nach ihm befriedigt werde. Jene Zurüstungen der Lichtspielhäu- 15 ser bezwecken das eine nur: das Publikum an die Peripherie zu fesseln, damit es nicht ins Bodenlose versinke. Die Erregungen der Sinne folgen sich in ihnen so dicht, daß nicht das schmalste Nachdenken sich zwischen sie einzwängen kann. *Schwimmkorken* gleich halten die Ausstreuun- 20 gen der Scheinwerfer und die musikalischen Akkompagnements über Wasser. Der Hang zur Zerstreuung fordert und findet als Antwort die Entfaltung der puren Äußerlichkeit. Daher gerade in Berlin das unabweisbare Trachten, alle Darbietungen zu Revuen auszugestalten, daher als Parallel- 25 erscheinung die Häufung des Illustrationsmaterials in der Tagespresse und den periodischen Publikationen.

Diese Veräußerlichung hat die *Aufrichtigkeit* für sich. Nicht durch sie wird die Wahrheit gefährdet. Sie ist es nur durch die naive Behauptung irreal gewordener Kultur- 30 werte, durch den unbedenklichen Mißbrauch von Begriffen wie Persönlichkeit, Innerlichkeit, Tragik usw., die an sich gewiß hohe Sachgehalte bezeichnen, infolge der sozialen Wandlungen aber zu einem guten Teile ihres Umfangs des tragenden Untergrundes verlustig gegangen sind und, in 35 den meisten Fällen, heute einen schlechten Beigeschmack

angenommen haben, weil sie das Augenmerk von den
äußeren Schäden der Gesellschaft mehr als billig ablenken
auf die Privatperson. In den Bereichen der Literatur, des
Theaters, der Musik sind solche Verdrängungserscheinun-
5 gen häufig genug. Sie geben sich das Ansehen der hohen
Kunst und sind tatsächlich überlebte Gebilde, die vorbei-
schielen an den aktuellen Nöten der Zeit – ein Faktum, das
mittelbar dadurch bestätigt wird, daß die gemeinte Produk-
tion auch innerkünstlerisch epigonenhaft ist. Das Berliner
10 Publikum handelt in einem tiefen Sinne wahrheitsgemäß,
wenn es diese Kunstereignisse mehr und mehr meidet, die
zudem aus guten Gründen im bloßen Anspruch stecken-
bleiben, und dem Oberflächenglanz der Stars, der Filme,
der Revuen, der Ausstattungsstücke den Vorzug erteilt.
15 Hier, im reinen Außen, trifft es sich selber an, die
zerstückelte Folge der splendiden Sinneseindrücke bringt
seine eigene Wirklichkeit an den Tag. Wäre sie ihm
verborgen, es könnte sie nicht angreifen und wandeln; ihr
Offenbarwerden in der Zerstreuung hat eine *moralische*
20 Bedeutung.
Freilich dann nur, wenn die Zerstreuung sich nicht Selbstzweck ist. Gerade dies: daß die ihrer Sphäre zugehörigen
Vorführungen ein so äußerliches Gemenge sind wie die
Welt der Großstadtmasse, daß sie jedes echten sachlichen
25 Zusammenhangs entraten, es sei denn des Kittes der
Sentimentalität, der den Mangel nur verdeckt, um ihn
sichtbar zu machen, daß sie genau und unverhohlen die
Unordnung der Gesellschaft den Tausenden von Augen
und Ohren vermitteln – dies gerade befähigte sie dazu, jene
30 Spannung hervorzurufen und wachzuhalten, die dem not-
wendigen Umschlag vorangehen muß. In den Straßen
Berlins überfällt einen nicht selten für Augenblicke die
Erkenntnis, das alles platze unversehens eines Tages entzwei. Die Vergnügungen auch, zu denen das Publikum
35 drängt, sollten so wirken. [...]

*Siegfried Kracauer: Kult der Zerstreuung. Über die Berliner Licht-
spielhäuser. Frankfurter Zeitung vom 4. 3. 1926. Zit. n. Siegfried Kracauer: Das Ornament der Masse. Essays. suhrkamp taschenbuch 371.
Suhrkamp Verlag 1977. © 1963 by Suhrkamp. S. 313–315. Ausschn.*

2. Siegfried Kracauer:
[Vorbilder auf der Leinwand]

(1927)

[...] Aber ist es wirklich die Gesellschaft, die sich in der
Filmkolportage zeigt? Diese rührseligen Rettungen, dieser 5
unmögliche Edelmut, diese jungen glatten Gents, diese
monströsen Hochstapler, Verbrecher und Helden, diese
moralischen Liebesnächte und unmoralischen Eheschlüsse:
gibt es sie wirklich? Es gibt sie wirklich, man lese die
Generalanzeiger. Kein Kitsch kann erfunden werden, den 10
das Leben nicht überträfe. Die Dienstmädchen benutzen
nicht die Liebesbriefsteller, sondern diese umgekehrt sind
nach den Briefen der Dienstmädchen komponiert, und
Jungfrauen gehen noch ins Wasser, wenn sie ihren Bräutigam
untreu wähnen. Filmkolportage und Leben entsprechen 15
einander gewöhnlich, weil die Tippmamsells sich nach den
Vorbildern auf der Leinwand modeln; vielleicht sind aber die
verlogensten Vorbilder aus dem Leben gestohlen.

Dennoch soll nicht bestritten werden, daß es in den
meisten Gegenwartsfilmen unwahrscheinlich hergeht. Sie 20
färben die schwärzesten Einrichtungen rosa und über-
schmieren die Röte. Darum hören sie nicht auf, die
Gesellschaft zu spiegeln. Vielmehr: Je unrichtiger sie die
Oberfläche darstellen, desto richtiger werden sie, desto
deutlicher scheint in ihnen der geheime Mechanismus der 25
Gesellschaft wider. Es mag in Wirklichkeit nicht leicht
geschehen, daß ein Scheuermädchen einen Rolls-Royce-
Besitzer heiratet; indessen, ist es nicht der Traum der
Rolls-Royce-Besitzer, daß die Scheuermädchen davon
träumen, zu ihnen emporzusteigen? Die blödsinnigen und 30
irrealen Filmphantasien sind die *Tagträume der Gesellschaft*, in denen ihre eigentliche Realität zum Vorschein
kommt, ihre sonst unterdrückten Wünsche sich gestalten.
(Die Tatsache, daß wie in der Buchkolportage, so auch in
der Filmkolportage große Sachgehalte sich verzerrt mit 35
ausdrücken, verschlägt in diesem Zusammenhang nichts.)
Daß die Mitglieder der höheren und nächsthöheren Stände
ihr Porträt in den Filmen nicht erkennen, ist kein Einwand

wider die Ähnlichkeit der Photographie. Sie haben Grund,
nicht zu wissen, wie sie aussehen, und wenn sie etwas als
unwahr bezeichnen, ist es nur um so wahrer. [...]

Siegfried Kracauer: Die kleinen Ladenmädchen gehen ins Kino.
5 *Frankfurter Zeitung vom 11.–19. 3. 1927 unter dem Titel ›Film und
Gesellschaft‹. Zitiert nach Siegfried Kracauer: Das Ornament der
Masse, s. o., S. 280/281. Ausschnitt.*

3. Siegfried Kracauer:
[Die Illusion von einer glänzenden Laufbahn]

10 *(1947)*
[...] Die Zeiten waren tatsächlich so schlecht, daß sogar
qualifizierte Facharbeiter, wenn sie einmal entlassen
waren, nicht mit der Wiedereinstellung rechnen konnten.
Die meisten Erfolgsfilme betonten daher lieber, daß Glück
15 mehr noch als Befähigung die wahre Ursache einer glän-
zenden Laufbahn sei. Bezeichnenderweise waren Filmtitel
wie ›Geld auf der Straße‹, ›Morgen geht's uns gut‹ und ›Es
wird schon wieder besser‹ an der Tagesordnung. Und
gleich, wie unwahrscheinlich die Filme schließlich waren,
20 das Publikum schluckte sie, vorausgesetzt, sie hielten, was
ihre Titel versprachen. Glück als Erfolgsvehikel: die Deutschen müssen am Rand der Hoffnungslosigkeit gewesen
sein, um einen Begriff zu bejahen, der ihren Traditionen
vollkommen fremd ist.
25 Niedere Angestellte und Angehörige der unteren Mittel-
schicht waren in all diesen Filmen erklärte Lieblinge.
Repräsentativ für diese ganze Richtung, die ihren künstlerischen Höhepunkt mit Erich Engels geistreichen Komö-
dien erreichte, war ›Die Privatsekretärin‹ (1931), ein
30 unbeschwerter Film, dessen ungeheure Popularität Wil-
helm Thieles Ruf als unbestrittenen Meister attraktiver
Potpourris festigte. Ein munteres Kleinstadtmädchen
(Renate Müller) schafft es, Arbeit in einer Berliner Bank
zu finden, und als sie eines Abends Überstunden leistet,
35 macht ihr Generaldirektor, den sie arglos für einen anderen Angestellten hält, Annäherungsversuche. Sie gehen am

162

gleichen Abend aus, und absehbares Ergebnis ist ihre
Beförderung zur Generaldirektorsgattin. [...]

*Siegfried Kracauer: Von Caligari zu Hitler. Eine psychologische
Geschichte des deutschen Films. Mit 64 Abbildungen. Übersetzt
von Ruth Baumgarten und Karsten Witte. In: Schriften, hrsg. von* 5
*Karsten Witte, Band 2. Suhrkamp, Frankfurt a. M. 1979, S. 222.
Ausschnitt.*

4. Siegfried Kracauer:
Der Traum vom Höheren

(1929)   10
[...] Die Masse der Angestellten unterscheidet sich vom
Arbeiter-Proletariat darin, daß sie geistig obdachlos ist. Zu
den Genossen kann sie vorläufig nicht hinfinden, und das
Haus der bürgerlichen Begriffe und Gefühle, das sie
bewohnt hat, ist eingestürzt, weil ihm durch die wirtschaft-   15
liche Entwicklung die Fundamente entzogen worden sind.
Sie lebt gegenwärtig ohne eine Lehre, zu der sie aufblik-
ken, ohne ein Ziel, das sie erfragen könnte. Also lebt sie in
Furcht davor, aufzublicken und sich bis zum Ende durchzu-
fragen.   20
Nichts kennzeichnet so sehr dieses Leben, das nur in
eingeschränktem Sinne Leben heißen darf, als die Art und
Weise, in der ihm das Höhere erscheint. Es ist ihm nicht
Gehalt, sondern Glanz. Es ergibt sich ihm nicht durch
Sammlung, sondern in der Zerstreuung. »Warum die Leute   25
so viel in Lokale gehen?« meint ein mir bekannter Ange-
stellter. »Doch wohl deshalb, weil es zu Hause elend ist
und sie am Glanz teilhaben wollen.« Unter dem Zuhause
ist übrigens außer der Wohnung auch der Alltag zu
verstehen, den die Inserate der Angestellten-Zeitschriften 30
umreißen. Sie betreffen in ihrer Mehrzahl: Federn; Kohi-
noor-Bleistifte; Hämorrhoiden; Haarausfall, Betten;
Kreppsohlen; weiße Zähne; Verjüngungsmittel; Verkauf
von Kaffee in Bekanntenkreisen; Sprechmaschinen;
Schreibkrampf; Zittern, besonders in Gegenwart anderer;   35
Qualitätspianos gegen wöchentliche Abzahlung usw. Eine

zu Reflexionen neigende Stenotypistin äußert sich ähnlich zu mir wie jener Angestellte: »Die Mädels kommen meist aus geringem Milieu und werden vom Glanz angelockt.« Sie begründet dann höchst merkwürdig die Tatsache, daß
5 die Mädels im allgemeinen ernste Unterhaltungen meiden. »Ernste Unterhaltungen«, sagt sie, »zerstreuen nur und lenken von der Umwelt ab, die man genießen möchte.« Wenn einem ernsten Gespräch zerstreuende Wirkungen beigemessen werden, ist es mit der Zerstreuung unerbitt-
10 licher Ernst. [...]

[...] Zu den »Kulturbedürfnissen« zählen neben der Gesundheit, den Verkehrsmitteln, Geschenken, Unterstützungen usw. unter anderem auch Rauchwaren, Wirtshäuser, geistige und gesellige Veranstaltungen. Bewußt oder
15 wahrscheinlich mehr noch unbewußt sorgt nun die Gesellschaft dafür, daß diese Nachfrage nach Kulturbedürfnissen nicht zur Besinnung auf die Wurzeln echter Kultur und damit zur Kritik an den Zuständen führe, durch die sie mächtig ist. Sie unterbindet nicht den Drang, im Glanz und
20 in der Zerstreuung zu leben, sie fördert ihn, wo und wie sie nur kann. Man wird noch sehen, daß sie selber das System ihres Lebens keineswegs bis zum entscheidenden Punkt vortreibt, vielmehr der Entscheidung ausweicht und die Reize des Lebens seiner Wirklichkeit vorzieht. Auch sie ist
25 auf Ablenkungen angewiesen. Da sie den Ton angibt, wird es ihr um so leichter, die Angestellten in dem Glauben zu halten, daß ein zerstreutes Dasein zugleich das höhere sei. Sie setzt sich als das Höhere, und wenn das Gros der Abhängigen sie zum Vorbild nimmt, ist es schon beinahe
30 dort, wo sie es haben will. [...]

Siegfried Kracauer: Asyl für Obdachlose. In: Die Angestellten. Aus dem neuesten Deutschland. suhrkamp taschenbuch 13. Suhrkamp Verlag, Frankfurt a. M. 1971, S. 91–93. Ausschnitte.

III. Der Roman:
Ansätze zum Verständnis damals und heute

1. Elisabeth Fließ: Mädchen auf der Suche

(1932)

Das Mädchen von heute, nein das gibt es nicht. Wo soll man es suchen? *Neben* dem lebendigen Leben; am allerersten noch im Film. Da existiert so etwas wie *der* Typus – der Saison. Er steigt aus dem Flimmerbild herunter und wird Sehnsucht und Vorbild vieler junger Dinger, die selbst noch nicht genau wissen können, wer sie eigentlich sind. Je glatter und leuchtender solch ein Filmgesicht aussieht, desto mehr wird es zum weiblichen Rattenfänger gerade für die, deren Alltag stumpf und trüb und trostlos ist. Scharen von Mädchen, deren Vorbilder teils dem Leben, teils solchen Vorstellungen entstammen, laufen durch die Bücher, die heute gelesen werden. Der Schlafwagen, lieber noch der Volant des Autos, die Aktentasche des Büromädchens, manchmal auch der Studentin, Fahne und Abzeichen von Partei oder Weltanschauung oder, modisch, die Initialen des eigenen Namens aus Blech, sichtbar getragen, Schminkstift und sonstiges Verschönerungsarsenal sind ihre Ausstattung. [...]

Zwei solche Geschöpfe hat Irmgard Keun in ihren Büchern festgehalten. Doris, »das kunstseidene Mädchen«, und »Gilgi oder eine von uns«. Gilgi hat sogar den umgekehrten Weg aus der Druckerschwärze auf die Leinwand gemacht, wobei ihr Schicksal noch etwas ins Strahlende zurechtgebogen wurde, und das »kunstseidene Mädchen« läuft tatsächlich durch alle Straßen – monatelang kann man es in keiner großstädtischen Leihbibliothek bekommen, und wenn es in fünf Exemplaren vorhanden ist. Grund genug, es einmal näher zu betrachten. [...]

[...] Doris schluckt schon reichlich viel Schmutz und erzählt davon mit den allerderbsten Ausdrücken der Straße. Ihre Empfindungen, vor allem die des Körpers,

weiß sie erstaunlich gut zu beschreiben, zu gut beinah für
solch ein naiv-verderbtes, unschuldig-raffiniertes kleines
Wesen. Irgend etwas an ihr stimmt nicht ganz. Sie kann
zuviel Psychologie und ist sprachlich doch zu gelehrig, um
5 so in der primitiven Roheit von Empfinden und Ausdruck
steckenzubleiben. Ihr Herz, das richtig fühlen kann, wenn
es darauf ankommt, und den Mutterwitz wird sie wirklich
von zu Hause mitgebracht haben, auch die Sehnsucht nach
oben; die Situationen, in die sie kommt, sind aus Leben,
10 Film und Schmachtroman zusammengebraut, und die allzu
klugen Sentenzen wird ihr wohl die begabte geistige Mutter
mitgegeben haben, die bei beiden Töchtern[5] um einer
Lebensnähe willen, die Vergänglichkeit einschließt, darauf
verzichtet hat, sie in den klareren Raum der Kunst zu
15 stellen, in dem man sie immer wieder finden würde. Hier
sind sie dicht neben uns, eine Stadtbahnfahrt lang, und
verlieren sich dann im Gewühl des Bahnhofs. [...]

Elisabeth Fließ: Mädchen auf der Suche. In: Die Frau. Begründet
von Helene Lange, hrsg. von Gertrud Bäumer. 40. Jg., Heft 3,
20 *Dezember 1932, S. 172–174. Ausschnitte.*

2. Ursula Krechel:
[Aufstieg als Flucht vor dem Abstieg]

(1979)
[...] Für Irmgard Keun verlange ich keinen Sitz im
25 feministischen Olymp, kein Plätzchen in der Wärmestube,
ich verlange Aufmerksamkeit. Irmgard Keun hatte das
Glück oder Unglück, 1931 als sehr junge Frau ihr erstes
Buch, ›Gilgi, eine von uns‹, zu veröffentlichen. Innerhalb
eines Jahres erschienen sechs Auflagen des Romans mit
30 der sensationellen Auflagenhöhe von 30000 Exemplaren.
Ein Jahr später erscheint das bekanntere Buch, das noch
am ehesten mit ihrem Namen in Verbindung gebracht
wird: ›Das kunstseidene Mädchen‹. Thema der Keun in

---

(5)* Gilgi und Doris.

beiden Büchern und auch später in ihrem wichtigen Roman
›Nach Mitternacht‹ (1937) ist die Initiation einfacher junger Mädchen in eine schwer begreifbare Welt. Gilgi, Doris
im ›Kunstseidenen Mädchen‹ und Sanna in ›Nach Mitternacht‹ sind Kleinbürgertöchter; den engsten Beschränkun- 5
gen ihres Milieus entlaufen, haben sie sich auf die Suche
begeben nach einer Welterfahrung, die das herrschende
Arbeitslosenelend und den raumgreifenden Faschismus
hypostasiert. Sie wollen nicht nur sozial aufsteigen, sich
sicher machen gegen den unverhofften Fall, sondern auch 10
etwas begreifen von den Zusammenhängen, von denen sie
qua Geschlechts- und Klassenzugehörigkeit ausgeschlossen
sind. Sie haben eine Ahnung davon, daß es nicht allein ihr
Fehler ist, wenn ihr unaufhaltsamer Aufstieg, der eher
einer Flucht vor dem Abstieg gleicht, immer wieder 15
gebremst wird. [...]

Ursula Krechel: Irmgard Keun: Die Zerstörung der kalten Ord-
nung..., s. o., S. 106. Ausschnitt.

3. Wilfried F. Schoeller: [Erfahrungschronik eines abenteuerlichen Lebens] 20

(1979)
[...] Irmgard Keuns Bücher sind die Erfahrungschroniken
eines abgründigen, abenteuerlichen Lebens, aber sie halten
sich frei von jeder autobiographischen Redseligkeit. Sie
erzählen vorwiegend von anonymen Leuten, ihrem Ord- 25
nungsgeviert und ihrer trockenen Redseligkeit – dem
dunstigen Alltag von Kleinbürgern. Irmgard Keun, eine
Fabrikantentochter, kennt sich bei ihnen erstaunlich genau
aus, stellt sie ohne moralisierende oder politisierende
Abschätzigkeit dar. Wie eine Jugend, schlecht bezahlt oder 30
arbeitslos, in einen Aufbruch und in Lebensillusionen
hinein geträumt haben mag, während ihr die Nazis unmittelbar bevorstanden, von denen sie in aller unpolitischen
Unschuld nichts wissen wollte – Stimmungslagen und
Realitätssinn einer Generation ohne bürgerliche Sicherhei- 35
ten oder Proletarierstolz sind vermutlich nirgends frischer

und atemloser erhalten als in dem Roman ›Das kunstseidene Mädchen‹. [...]

*Wilfried F. Schoeller: Erfahrungschroniken abgründiger Aben-
teuer. Irmgard Keun wird als Romanautorin wiederentdeckt. Süd-
deutsche Zeitung vom 7. 11. 1979. Ausschnitt.*

4. Ursula Krechel: [Filmische Schreibweise]

(1979)
[...] Was macht immer noch, immer wieder die Faszina-
tion des ›Kunstseidenen Mädchens‹ aus? Irmgard Keun
bedient sich in diesem Roman der Schreibweise, die das
zeitgenössische, städtische Medium par excellence wider-
spiegelt; einer filmischen Schreibweise. In hektischen
Schnitten wird Berlin um 1930 beschrieben, die glänzende,
lockende Konsumfassade, das Elend der von ihr Ausge-
schlossenen, die keine andere Sehnsucht haben, als daran
teilzunehmen.
Irmgard Keuns Spielfigur in diesem Roman, Doris, hält es
in der kleinbürgerlichen Enge ihres Umkreises nicht aus.
Sie will aufsteigen, Erfahrungen machen wie die Heldinnen
in den Filmen, die sie glühend bewundert, sie will ein
»Glanz« werden. Sie setzt sich in Pose, will sich ihr eigenes
Drehbuch als Tagebuch schreiben, in dem sie zugleich
Regisseur, Kamera, Hauptdarstellerin und gerührte
Zuschauerin ist. In den besten Passagen des Romans
erreicht Irmgard Keun eine visuelle Dichte der Beschrei-
bung, in der sich das Bild der Stadt nicht als Panorama
entfaltet, sondern in fließenden, flirrenden Schüben. [...]

*Ursula Krechel: Geistig obdachlos. Wiederzuentdecken: Irmgard
Keuns Roman ›Das kunstseidene Mädchen‹. Frankfurter Allgemeine Zeitung vom 10. 4. 1979. Ausschnitt.*

5. Ursula Krechel: [Die Ich-Erzählerin Doris]

(1979)

[...] Die Ich-Erzählerin Doris wählt sich die Bewegungs-
form, aus der ihre Identifikationsmuster entlehnt sind: »Und
ich denke, es ist gut, wenn ich alles beschreibe, weil ich ein   5
ungewöhnlicher Mensch bin. Ich denke nicht an Tagebuch
– das ist lächerlich für ein Mädchen von achtzehn und auch
sonst auf der Höhe. Aber ich will schreiben wie Film, denn
so ist mein Leben und wird noch mehr so sein ... Und
wenn ich später lese, ist alles wie Kino.«   10
Sehnlichster Wunsch ist es, die Identifikationsmuster ein-
zuholen, die Bewegung des Films mit der eigenen Bewegung in Deckungsgleichheit zu bringen. Sehnsüchtig wird
die eigene Bewegung beschleunigt zu laufenden Bildern,
eine energische Beschleunigung treibt Doris weiter, treibt   15
sie zu immer neuen Begegnungen, die – wenn es die
Dramaturgie ihres Lebensgefühls erfordert – abgeschnit-
ten, weggeblendet werden können. Wie im Film zu leben
heißt: im Bewußtsein eines unerbittlichen Kamera-Auges
zu leben, das jede Bewegung einfängt und (hoffentlich   20
schmeichelnd) zurückwirft. Doris idealisiert aber gleichzeitig das Medium Film. Sie will Heldin sein, aber nicht
fremdbestimmt den bekannten Drehbüchern hinterherlau-
fen, sie will eine eigene Dramaturgie ihres Lebens entwerfen und gleichzeitig wie eine Zuschauerin im Kino genie-   25
ßen, selbst eine Rolle spielen, die sich nicht weit von den
Mustern entfernt, selbst ein »Glanz« sein, Fiktion und den
eher kläglichen Ausgangspunkt ihres Aufbruchs in einer
schönen Aufblende verschmelzen. [...]

Ursula Krechel: Irmgard Keun: die Zerstörung der kalten Ord-   30
nung..., s.o., S. 112. Ausschnitt.

6. Volker Klotz:
[Der Pelzmantel als bürgerliches Wappen]

(1979)

[...] Was Doris schließlich in den Wartesaal des Bahnhofs
5 Zoo gebracht hat, war der ständige Anstoß, ein »Glanz«,
ein Glamour werden zu wollen. Entweder im gesellschaftlichen Leben oder im Film – nach ihrer zeitgenössischen
Erfahrung beinah dasselbe. Dem dient zumal der prächtige
Pelzmantel, den sie am Ende ihres Kleinstadtaufenthalts
10 klaut und der sie dann zu einem polizeischeuenden, halb
illegalen Leben zwingt. Dieser Feh, ein bloßes Ding, ist für
sie und ihre Umwelt weit mehr als bloßes Ding: ein
bürgerliches Wappen, das die ungewichtige, zudem gewissengeplagte Provinzplebejerin schlicht überfordert. Dies
15 Ding gewinnt beträchtliche Macht über sie. Es ist buchstäblich Leitmotiv. Es leitet die Bewegungen der Doris, ihre
körperlichen Gebärden wie ihre Ortsveränderung. Es
macht, daß sie die Provinzstadt verläßt: weil das Diebesgut
sie hier gefährdet und weil das Prunkstück erst in ange
20 messen strahlender Umgebung – Berlin – erfüllen mag, was
es seiner gesellschaftlich unterentwickelten Trägerin verheißt.

Doris' Pelzkomplex bildet selber einen Komplex von
Bedeutungen. Sie bewirken, daß sie fast so sehr von diesem
25 Ding besessen ist, wie sie es besitzt. Er beschreibt einen
berechenbaren Geldwert, der wertsteigernd auf den Besitzer zurückstrahlt. Denn dort, wo Doris mit dem Spielbeginn beinah schon Fuß faßt, zählt die Person je nach ihrer
Zahlungsfähigkeit. Jeder, das merkt Doris immer wieder,
30 hat seinen bestimmten Kaufpreis und seine bestimmte
finanzielle Potenz. So nutzt sie nicht selten den Geltungskredit, den der Pelz ihr einräumt – hochstaplerische, denn
der geklaute Feh, den sie nie käuflich hätte erschwingen
können, ist auf ihrem Körper ja nur ein ungedeckter
35 Scheck. Auch darum ist sie, wie sie wohl weiß, lediglich ein
kunstseidenes Mädchen, dem echte Seide nicht zugänglich
ist.

Aber auch als greifbar nahes Ding ist ihr der Pelz teuer. In

seiner Farbe, seiner Schmiegsamkeit und Wärme, seinem
zarten Flausch. Wohlig reizbar kostet sie aus, wenn sie ihn
trägt oder über ihn streicht. Solches Sinneserlebnis erhebt
ihn weit über einen beliebigen Gebrauchsgegenstand. Es
steigert ihn zum lebendigen Partner, der verläßlicher zur   5
Stelle ist und freundlichere Aufgaben erfüllt als die meisten
Menschen, mit denen Doris verkehrt. »Es geht um den
Feh. Den habe ich gestohlen. Aber jetzt liebe ich ihn – und
so genau, wie der Ernst seine Frau liebt.« [. . .]

Volker Klotz: Kunstseidenes Mädchen und seidene Kritik. Irmgard   10
Keuns früher Roman ist neu erschienen. Frankfurter Rundschau
vom 21. 7. 1979. Ausschnitt.

7. Ursula Krechel: [Der Pelzmantel als Leitmotiv der Verdinglichung]

(1979)   15
[. . .] Leitmotiv der Verdinglichung des Körpers ist im
›Kunstseidenen Mädchen‹ ein kostbarer Fehpelz, den
Doris klaut, um vor dem Freund, der sie wegen einer
Professorentochter verlassen hat, besser dazustehen: »– so
süßer weicher Pelz. So zart und grau und schüchtern, ich   20
hätte das Fell küssen können, so eine Liebe hatte ich dazu.
Er sah nach Trost aus und Allerheiligen und nach hoher
Sicherheit wie ein Himmel.«
Die emotionale Sicherheit, die die Beziehung zu Männern
nicht geben kann, muß durch den Diebstahl ›erkauft‹   25
werden, aber der Freund, dem inzwischen seine Felle bei
der besseren Tochter weggeschwommen sind, kann aus
dem Symbol Feh nur schließen, daß Doris aufgestiegen ist,
daß sie für ihn nicht mehr ›handhabbar‹ ist. Doris flüchtet,
stürzt ins Auf und Ab einer unsicheren Existenz, immer in   30
Angst, wegen des gestohlenen Pelzes von der Polizei
geschnappt zu werden, aber bei all ihren wechselnden
Beziehungen bleibt der Pelz ihr einziger treuer Begleiter,
er verhilft ihr zu Wert, sie füllt ihn mit ihrer Körperlichkeit,
ihrer Mädchenwärme; sie verdienen sich beide: 35
»So hochelegant bin ich in dem Pelz. Der ist wie ein

seltener Mann, der mich schön macht durch Liebe zu mir.
Sicher hat er einer dicken Frau unrichtig gehört – einer mit
viel Geld. Er hat Geruch von Schecks und Deutscher
Bank. Aber meine Haut ist stärker, jetzt riecht er nach mir
5 und Chypre – was ich bin, seit Käsemann mir großzügig
drei Flaschen davon geschenkt hat. Der Mantel will mich,
und ich will ihn, wir haben uns.«
Erst als Doris einen Mann trifft, der ihre Körperlichkeit
nicht als eine Ware begreift, denkt sie daran, den Feh
10 zurückzugeben, aber schließlich bleibt er ihr als einziger
sicherer Bezugspunkt in einem materiellen, veräußerlich-
ten Wertsystem. [...]

*Ursula Krechel: Irmgard Keun: die Zerstörung der kalten Ord-
nung..., s.o., S. 110. Ausschnitt.*

15 ## 8. Ingeborg Drewitz:
[Der Slang der späten zwanziger Jahre]

(1979)
[...] Das Alles-oder-Beinahe-Nichts ist so schnoddrig
erzählt, hält den Slang der späten zwanziger Jahre so genau
20 fest bis in die Sprachverschleifungen hinein, das prahleri-
sche Understatement der millionenfach enttäuschten Hoffnungen, die den Raster der kleinbürgerlichen Wertvorstel-
lungen nur so oberflächlich kaschieren, daß die Angst
durchschlägt – vor der Ordnung, vor der Brutalität, vorm
25 Faschismus. Ein unterhaltsames, nur scheinbar naives
Buch, voll von witzigen Seitenhieben. [...]

*Ingeborg Drewitz: Aroma der zwanziger Jahre. Der Tagesspiegel
vom 22. 4. 1979. Ausschnitt.*

Zeittafel zu Leben und Werk

1910 Irmgard Keun wird am 6. 2. in Berlin geboren als Tochter eines Fabrikanten.

1918 Die Familie zieht nach Köln, hier verbringt Irmgard Keun ihre Jugend. Mit 16 Jahren besucht sie in Köln die Schauspielschule; danach zwei Engagements. In Hamburg bekommt sie zwei Rollen in Stücken für Kinder: »Ich engelte durch die Gegend«, urteilte sie später. Irgendwann hört sie auf mit der Schauspielerei.

1931 Erster Roman, ›Gilgi, eine von uns‹ (Auflage 30 000 Expl.).

1932 Irmgard Keun heiratet den wesentlich älteren Regisseur, Dramatiker und Romanautor Johannes Tralow, der nach 1933 zunächst mit den Nazis sympathisiert.
Der zweite Roman, ›Das kunstseidene Mädchen‹, erscheint.

1933 Die gesamten Bestände der Bücher Irmgard Keuns werden beim Universitas-Verlag beschlagnahmt. Als die Autorin beim Landgericht in Berlin Beschwerde einlegt und Schadenersatz fordert, wird sie in Köln von der Gestapo verhört. Nach dem Kriege erfährt sie, daß ihr Vater sie für 200 000 RM aus der Haft freigekauft hatte.

1936 Ende 1935/Anfang 1936
Allert de Lange bietet Irmgard Keun Hilfe an. Sie lebt zunächst in Brüssel und Ostende.
›Das Mädchen, mit dem die Kinder nicht verkehren durften‹, die Geschichte über eine Kindheit in Köln, erscheint bei Allert de Lange.
Sommer: Bekanntschaft mit Joseph Roth.
Herbst: Irmgard Keun und Joseph Roth reisen nach Paris, Amsterdam, Wien, Warschau und Lemberg (Roths Heimat).
In dieser Zeit entstehen ›Bilder und Gedichte aus der Emigration‹.

1937 Der Roman ›Nach Mitternacht‹ erscheint bei Querido, Amsterdam. Irmgard Keun lebt mit Roth in Wien, später in Brüssel, Ostende, Amsterdam und Paris. Sie wird von Johannes Tralow geschieden.

1938 Im Frühjahr verläßt Irmgard Keun Joseph Roth und geht in die USA, nach Nizza und Amsterdam. Es entstehen die Romane ›D-Zug dritter Klasse‹ und ›Kind aller Länder‹.

1939 Joseph Roth stirbt am 27. 5. in Paris.

1940 Wieder in Amsterdam. Nach dem Überfall der deutschen
     Truppen auf die Niederlande im Mai reist Irmgard Keun mit
     falschen Papieren nach Deutschland zurück. Bis zum Kriegs-
     ende lebt sie illegal in der Nähe von Bonn und bei München.
     Offizielle Stellen halten sie für tot.
1945 Irmgard Keun richtet sich mit ihren Eltern provisorisch im
     zerstörten Kölner Haus ein. Arbeiten für den Rundfunk und
     für Zeitungen.
1946 ›D-Zug dritter Klasse‹, der Roman aus der Emigration,
     erscheint in Düsseldorf.
1947 ›Bilder und Gedichte aus der Emigration‹ erscheinen in
     Köln.
1949 ›Das Mädchen, mit dem die Kinder nicht verkehren durften‹
     erscheint erneut.
1950 ›Ferdinand, der Mann mit dem freundlichen Herzen‹, Irm-
     gard Keuns letzter Roman, erscheint in Düsseldorf.
1954 ›Wenn wir alle gut wären‹, Erzählung. Seitdem kleine
     Beiträge für Feuilletons in Tageszeitungen, vor allem in der
     Bundesrepublik und der Schweiz. Irmgard Keun lebt sehr
     zurückgezogen an wechselnden Orten im Raum Köln–Bonn.
1979 Im claassen Verlag erscheinen Irmgard Keuns Romane
     erneut, zuerst ›Das kunstseidene Mädchen‹ (verfilmt 1959),
     ›Gilgi, eine von uns‹ (verfilmt 1932).
1980 ›Nach Mitternacht‹ (Verfilmung 1981) und ›Das Mädchen,
     mit dem die Kinder nicht verkehren durften‹.
1981 ›Ferdinand, der Mann mit dem freundlichen Herzen‹, ›Kind
     aller Länder‹.
     Im November 1981 erhält Irmgard Keun den Marieluise-
     Fleißer-Preis der Stadt Ingolstadt.
1982 Irmgard Keun stirbt am 5. 5. in Köln.
1983 ›D-Zug dritter Klasse‹.

*Durchgesehen von Irmgard Keun und von Klaus Antes, claassen
Verlag.*

Editionen für den Literaturunterricht

Herausgeber: Dietrich Steinbach

**Anthologien
mit Materialienanhang**